# NEUE SALATE VON A–Z

# DIE DR. OETKER GELING-GARANTIE

**UNSER VERSPRECHEN**

Liebe Leserin, lieber Leser,

mit den Rezepten in unseren Koch- und Backbüchern möchten wir Sie und Ihre Lieben glücklich machen. Zum Glück braucht es den Erfolg, und den kaufen Sie mit jedem Dr. Oetker Buch gleich mit.

Dafür gibt es die *Dr. Oetker Geling-Garantie*. Sie ist unser Versprechen, dass alle Rezepte aus diesem Buch ganz einfach und sicher gelingen. Die Geling-Garantie startet schon bei der Zutatenliste: alle Zutaten, die wir verwenden, sollten Sie leicht in Ihrem Supermarkt vor Ort einkaufen können. Jeder Zubereitungs-Schritt ist klar und einfach nachvollziehbar.

Eine Garantie können wir Ihnen aber auch deshalb mit gutem Gewissen geben, weil alle Rezepte dieses Buches von unserem erfahrenen Team entwickelt wurden. Anschließend haben wir jedes Gericht in einer ganz normalen Küche nachgekocht oder nachgebacken. Immer wieder. So lange, bis wir uns sicher waren, dass es gelingt. Und zwar auch bei Ihnen zu Hause.

Was wir versprechen, halten wir auch. Sollte beim Kochen oder Backen eines unserer Rezepte dennoch etwas danebengehen oder Ihnen einfach nicht schmecken, dann lassen Sie es uns wissen. Schreiben Sie oder rufen Sie uns an! Wir werden das Rezept nochmals kritisch prüfen und Ihnen helfen herauszufinden, woran es gelegen haben könnte. Sie erreichen uns über die Dr. Oetker Service-Hotline unter: 00 800-71 72 73 74, Mo–Fr 8:00–18:00 Uhr sowie Sa 9:00–15:00 Uhr. Oder schreiben Sie uns eine E-Mail unter: redaktion-oetker@zsverlag.de

Natürlich freuen wir uns aber auch über weitere Rückmeldungen und auch über Lob. Ihre Ideen, Kommentare und Fragen können Sie jederzeit auch über Facebook posten: www.facebook.com/Dr.OetkerVerlag. Wir sind für Sie da. Garantiert.

Mit herzlichen Grüßen
Ihre Dr. Oetker Redaktion

# ALLGEMEINE HINWEISE ZU DEN REZEPTEN

Lesen Sie vor der Zubereitung – besser noch vor dem Einkauf – das Rezept einfach einmal vollständig durch. Aus dem Zusammenhang werden die Zubereitungs-Schritte deutlicher und verständlicher.

### PORTIONSANGABEN

Die Anzahl der Portionen finden Sie in jedem Rezept ausgewiesen.

### ARBEITSSCHRITTE

Die Zutaten sind in der Reihenfolge ihrer Verarbeitung aufgeführt. Jeder Arbeitsschritt ist einzeln hervorgehoben und extra nummeriert. So haben wir die Rezepte für Sie auch entwickelt und ausprobiert.

### ZUBEREITUNGSZEIT UND GARZEIT

Die angegebene Zubereitungszeit schließt die Dauer der Vorbereitung und die eigentliche Zubereitung mit ein. Sie ist ein Anhaltswert und kann je nach individuellem Geschick oder Übung natürlich ein wenig variieren. Längere Wartezeiten, wie zum Beispiel Kühl- oder Abkühlzeiten oder auch Auftauzeit, sind in der Regel nicht in der Zubereitungszeit enthalten. Einzige Ausnahme: In dieser Zeit sind parallel andere Arbeitsschritte zu tun. Die Garzeiten sind gesondert ausgewiesen. Bei einigen Rezepten setzt sich die Gesamt-Garzeit aus mehreren Teil-Garzeiten zusammen.

### HINWEISE ZU DEN NÄHRWERTEN

Bei den Nährwertangaben in den Rezepten handelt es sich um auf- bzw. abgerundete ganze Werte. Aufgrund von ständigen Rohstoffschwankungen und/oder Rezepturveränderungen bei Lebensmitteln kann es zu Abweichungen kommen. Die Nährwertangaben dienen daher lediglich Ihrer Orientierung und eignen sich nur bedingt für die Berechnung eines Diätplans.

## ABKÜRZUNGEN UND SYMBOLE

| | |
|---|---|
| EL | Esslöffel |
| TL | Teelöffel |
| Msp. | Messerspitze |
| Pck. | Packung/Päckchen |
| g | Gramm |
| kg | Kilogramm |
| ml | Milliliter |
| l | Liter |
| evtl. | eventuell |
| geh. | gehäuft |
| gestr. | gestrichen |
| gem. | gemahlen |
| ger. | gerieben |
| TK | Tiefkühlprodukt |
| °C | Grad Celsius |

**Kalorien-/Nährwertangaben**

| | |
|---|---|
| E | Eiweiß |
| F | Fett |
| Kh | Kohlenhydrate |
| kcal | Kilokalorie |

**Symbole**

| | |
|---|---|
| ◕ | Zubereitungs-/Garzeit |
| + | Vegetarisch/Laktosefrei/Vegan |
| ▲ | Mit Alkohol |

# ALTDEUTSCHER SALAT

⏱ Zubereitungszeit: 30 Minuten
➕ Vegetarisch

### ZUTATEN FÜR 4 PORTIONEN

2–3 Knollen Rote Bete (250–300 g)
7 EL Zitronensaft
3 TL Speiseöl, z. B. Olivenöl
Salz, gem. Pfeffer, Zucker
etwa 4 kleinere Knollen Topinambur (250–300 g)
350 ml kräftige Gemüsebrühe
½ Knollensellerie (etwa 500 g)
etwa 350 g Möhren
1–2 EL milder Apfelessig
200 g saure Sahne
200 g Joghurt (0,1 % Fett)
1 geh. TL körniger Senf
½ Bund glatte Petersilie
2 hart gekochte Eier

### PRO PORTION:

E: 11 g, F: 12 g, Kh: 20 g, kcal: 240

1. Rote Bete unter fließendem kalten Wasser gut abbürsten, dann mit Wasser bedeckt, zugedeckt zum Kochen bringen. Bei schwacher bis mittlerer Hitze je nach Dicke 30–40 Minuten zugedeckt garen. Knollen abgießen, etwas abkühlen lassen. Dann schälen (Haushaltshandschuhe tragen, sie färben stark!) und in Spalten schneiden. Rote Bete mit 2 Esslöffeln Zitronensaft, 1 Teelöffel Speiseöl, Salz, Pfeffer und Zucker mischen und lauwarm abkühlen lassen.

2. In der Zwischenzeit Topinambur unter fließendem kalten Wasser abbürsten, mit Wasser bedeckt, zugedeckt zum Kochen bringen. 1 Teelöffel Salz hinzugeben. Je nach Dicke 20–35 Minuten zugedeckt garen. Topinambur abgießen, kurz mit kaltem Wasser abschrecken, schälen und in Scheiben schneiden. Topinambur mit 1 Esslöffel Zitronensaft, Salz, Pfeffer und 3 Esslöffeln Brühe marinieren, lauwarm abkühlen lassen.

3. Sellerie schälen, abspülen, abtropfen lassen und in Stifte schneiden. 1 Teelöffel Speiseöl in einem Topf erhitzen, die Selleriestifte darin andünsten, mit Salz, Pfeffer und 4 Esslöffeln Zitronensaft würzen. 4 Esslöffel Brühe hinzugießen. Die Selleriestifte zugedeckt bei schwacher Hitze 15–20 Minuten leicht schmoren lassen.

4. Möhren putzen, schälen, abspülen, in Stifte schneiden. Restliche Brühe erhitzen. Möhren darin zugedeckt in etwa 5 Minuten bissfest garen, dann abgießen, mit Salz, Pfeffer, restlichem Speiseöl und Apfelessig marinieren, lauwarm abkühlen lassen.

5. Saure Sahne mit Joghurt und Senf verrühren, mit Zucker, Salz und Pfeffer würzen. Petersilie abspülen, trocken tupfen und die Blättchen von den Stängeln zupfen, Blättchen klein schneiden. Eier pellen und fein würfeln.

6. Das Gemüse nochmals mit Salz, Pfeffer und evtl. etwas Zitronensaft abschmecken, dann anrichten. Das Dressing darauf verteilen, mit Petersilie und Ei-Häckerle bestreuen.

# ANANAS-KRAUT-SALAT MIT PAPRIKASTREIFEN

- Zubereitungszeit: 30 Minuten, ohne Durchziehzeit
- Vegan

**ZUTATEN FÜR 6 PORTIONEN**

750 g Weißkohl
Salz
1 rote Paprikaschote
175 g abgetropfte Ananasstücke (aus der Dose)
1 große Zwiebel
4 EL Olivenöl
4 EL Kräuteressig
1 EL mittelscharfer Senf
gem. Pfeffer
je ½ TL gem. Piment und Kümmelsamen
Ananassaft (aus der Dose)

**PRO PORTION:**

E: 2 g, F: 7 g, Kh: 14 g, kcal: 131

**1.** Von dem Weißkohl die groben, äußeren Blätter lösen. Kohl vierteln und den Strunk herausschneiden. Kohlviertel auf einer stabilen Küchenreibe oder mit der Küchenmaschine in möglichst feine Streifen hobeln bzw. schneiden. Kohlstreifen in eine große Schüssel geben. 2–3 Esslöffel Salz hinzugeben, mit den Händen gut durchkneten, bis die Kohlstreifen leicht glasig werden. Kohlstreifen etwa 1 Stunde durchziehen lassen.

**2.** Paprikaschote halbieren, entstielen, entkernen, weiße Scheidewände entfernen. Schote abspülen, trocken tupfen und in schmale Streifen schneiden. Von den Ananasstücken den Saft auffangen. Die Ananasstücke evtl. etwas kleiner schneiden.

**3.** Die Kohlstreifen in ein Sieb geben, abtropfen lassen und zurück in die Schüssel geben. Die Paprikastreifen und Ananasstücke untermischen.

**4.** Die Zwiebel abziehen, zuerst in dünne Scheiben schneiden, dann in Ringe teilen. Das Olivenöl in einer Pfanne erhitzen. Zwiebelringe darin kurz andünsten, herausnehmen und zum Ananas-Kraut-Salat in die Schüssel geben. Das verbliebene Bratfett (Olivenöl) mit Essig, Senf, Pfeffer, Piment und Kümmel verschlagen. Die Hälfte des aufgefangenen Ananassaftes unterrühren. Die Marinade zum Ananas-Kraut-Salat geben, gut untermischen und etwa 30 Minuten durchziehen lassen.

**5.** Den Ananas-Kraut-Salat vor dem Servieren nochmals mit Salz und Pfeffer abschmecken und nach Belieben in Gläsern anrichten.

**BEILAGE:**

Ofenfrisches Baguette.

# ANANAS-KÜRBIS-PEPERONI-SALAT
(REZEPT OHNE FOTO)

- Zubereitungszeit: 105 Minuten
- Vegetarisch

**ZUTATEN FÜR 12 PORTIONEN**

850 g Ananas-Fruchtfleisch
1 kg Hokkaido-Kürbis
4 EL Olivenöl
4 EL Zucker (etwa 50 g)

6 Schalotten (etwa 200 g)
4 Knoblauchzehen
6 milde Peperoni (etwa 100 g)
1–2 EL klein geschnittene Koriander- oder
    glatte Petersilienblättchen

**FÜR DIE SALATSAUCE:**

150 ml Weißweinessig
Salz
gem. Pfeffer
200 ml Olivenöl

200 g Feldsalat
200 g Rucola (Rauke)
100 g Rote-Bete-Blätter
    (oder rot-grüner Pflücksalat)
200 g Portulak
1 Topf rotes Basilikum

**PRO PORTION:**

E: 2 g, F: 20 g, Kh: 18 g, kcal: 268

**1.** Das Ananas-Fruchtfleisch zuerst in etwa 1 cm dicke Scheiben, dann in mundgerechte Stücke schneiden. Den Kürbis vierteln, nach Belieben schälen und entkernen. Das Fruchtfleisch in kleine Stücke schneiden.

**2.** Danach etwa die Hälfte des Olivenöls in einer beschichteten Pfanne erhitzen. Die Ananasstücke darin unter Wenden anbraten, mit etwa der Hälfte des Zuckers bestreuen und unter mehrmaligem Wenden die Ananasstücke karamellisieren. Die Ananasstücke in eine große Salatschüssel geben.

**3.** Restliches Olivenöl in der Pfanne erhitzen. Die Kürbisstücke darin ebenfalls unter Wenden anbraten, restlichen Zucker daraufstreuen und die Kürbisstücke unter Wenden karamellisieren. Die Kürbisstücke zu den Ananasstücken geben und abkühlen lassen.

**4.** In der Zwischenzeit Schalotten und Knoblauch abziehen. Die Schalotten längs halbieren und in Scheiben schneiden. Knoblauch durch eine Knoblauchpresse drücken. Die Peperoni halbieren, entstielen, entkernen und die Scheidewände entfernen. Peperonihälften abspülen, abtropfen lassen und in feine Streifen schneiden.

**5.** Koriander oder Petersilie mit Schalottenscheiben, Knoblauch und Peperonistreifen unter die Ananas-Kürbis-Mischung rühren.

**6.** Für die Salatsauce Essig mit Salz und Pfeffer würzen, das Olivenöl unterschlagen. Die Salatsauce mit den Salatzutaten in der Schüssel gut vermischen und etwa 30 Minuten durchziehen lassen.

**7.** In der Zwischenzeit den Feldsalat verlesen und die Wurzelansätze abschneiden. Rucola, Rote-Bete-Blätter und Portulak verlesen, evtl. dicke Stängel entfernen. Basilikumblättchen von den Stängeln zupfen. Die Salate und Blättchen abspülen und gut abtropfen lassen, evtl. leicht trocken schleudern.

**8.** Etwa drei Viertel der Blattsalate und Basilikumblättchen auf einer großen Platte zu einem Salatbett auslegen. Darauf den vorbereiteten Salat anrichten und mit den restlichen Salatblättern und Basilikumblättchen garniert servieren.

**BEILAGE:**

Ofenwarmes Baguette.

## APFEL-MÖHREN-SALAT MIT HONIG-SESAM-DRESSING

🕐 Zubereitungszeit: 20 Minuten
+ Vegetarisch

**ZUTATEN FÜR 4 PORTIONEN**

1 Bio-Zitrone (unbehandelt, ungewachst)
1 Orange
2–3 TL flüssiger Akazienhonig
1 Prise gem. Zimt
1–2 EL Sesamöl oder geschmacksneutraleres Speiseöl, z. B. Rapsöl
2 Äpfel
etwa 500 g Möhren
3 Sesam-Krokant-Riegel (je 25 g, Fertigprodukt aus dem Reformhaus, Naturkostladen oder Drogerie-Markt)

**PRO PORTION:**

E: 3 g, F: 10 g, Kh: 25 g, kcal: 205

1. Zitrone heiß abwaschen, abtrocknen und die Schale abreiben. Von der Zitronenschale 1 Teelöffel abmessen. Zitrone und Orange halbieren und jeweils den Saft auspressen. Zitronen- und Orangensaft in eine Schüssel geben. 1 Teelöffel Zitronenschale, Honig und Zimt hinzufügen, mit einem Schneebesen gut verrühren. Sesam- oder Rapsöl unterschlagen.

2. Äpfel abspülen, abtrocknen, vierteln, entkernen und mit der Schale in dünne Spalten oder Stifte schneiden. Apfelspalten oder -stifte zu dem Dressing in die Schüssel geben.

3. Möhren putzen, schälen, abspülen, abtropfen lassen, in dünne Streifen oder Scheiben schneiden, zu den Apfelspalten oder -stiften geben und gut untermischen.

4. Den Salat in eine Salatschüssel geben. Krokant-Riegel zerbröseln und kurz vor dem Servieren auf den Salat streuen.

**TIPPS:**

Der Apfel-Möhren-Salat schmeckt sogar noch saftiger und aromatischer, wenn er etwas durchgezogen ist.
Eine herzhafte Variante: 2 Eier hart kochen, mit kaltem Wasser abschrecken, pellen und sehr fein würfeln. Mit Zitronen-, Orangensaft, Salz, Pfeffer und Speiseöl zu einem Dressing verrühren. 1 Bund Schnittlauch abspülen, trocken tupfen, in feine Röllchen schneiden und unter das Dressing rühren. Möhrenstreifen oder -scheiben und Apfelspalten oder -stifte hinzugeben, gut untermischen. Krokantbrösel dann weglassen.

# ARTISCHOCKEN-PASTA-SALAT MIT KRÄUTER-EI-DRESSING

🕐 Zubereitungszeit: 40 Minuten
➕ Vegetarisch

### ZUTATEN FÜR 4 PORTIONEN

3 Eier
300 g Nudeln, z. B. Penne

### FÜR DIE MARINADE:

2 kleine Schalotten
4–6 EL Apfelessig
150 ml heiße Gemüsebrühe
Salz, gem. Pfeffer
1 TL mittelscharfer Senf
4 EL Olivenöl

### ZUSÄTZLICH:

240 g abgetropfte Artischockenherzen
   (aus der Dose)
150 g abgetropfte Kapernäpfel (aus dem Glas)
je ½ Bund Basilikum und Dill
40 g abgetropfte getrocknete Tomaten, in Öl
2 EL Tomatenöl (von den getrockneten Tomaten)
evtl. etwas Gemüsebrühe
50 g Rucola (Rauke)
50 g abgetropfte schwarze Oliven, mit Stein

### PRO PORTION:

E: 18 g, F: 23 g, Kh: 60 g, kcal: 549

---

1. Eier in kochendem Wasser in etwa 10 Minuten hart kochen. Anschließend mit kaltem Wasser abschrecken, pellen und erkalten lassen. Die Nudeln in kochendem Salzwasser nach Packungsanleitung bissfest kochen, dabei gelegentlich umrühren.

2. In der Zwischenzeit für die Marinade Schalotten abziehen und sehr fein würfeln. Essig, Brühe, Salz, Pfeffer und Senf in einer Schüssel verrühren, Olivenöl unterschlagen. Schalottenwürfel kurz unterrühren.

3. Die Nudeln in ein Sieb geben, mit heißem Wasser abspülen und gut abtropfen lassen. Anschließend zu der Marinade in die Schüssel geben und gut vermischen. Die Nudeln lauwarm abkühlen lassen.

4. In der Zwischenzeit Artischockenherzen und Kapernäpfel halbieren. Basilikum und Dill abspülen, trocken tupfen und die Blättchen bzw. Spitzen von den Stängeln zupfen. Blättchen bzw. Spitzen klein schneiden. Von den Tomaten 2 Esslöffel Tomatenöl auffangen und nach Belieben mit etwas Brühe unter die Nudeln mischen, mit Salz und Pfeffer abschmecken.

5. Tomaten in feine Streifen schneiden. Rucola verlesen und die dicken Stiele abschneiden. Rucola abspülen, gut abtropfen lassen oder trocken schleudern und evtl. grob zerzupfen.

6. Die hart gekochten Eier in Stücke schneiden, mit den Oliven und restlichen vorbereiteten Zutaten vorsichtig unter die Nudeln mischen. Artischocken-Pasta-Salat mit Salz und Pfeffer abschmecken.

# ASIATISCHER GLASNUDEL-SCHICHTSALAT

⏱ Zubereitungszeit: 50 Minuten, ohne Abkühl- und Durchziehzeit
✚ Vegan

**ZUTATEN FÜR 4 PORTIONEN**

50 g Glasnudeln
½ kleiner Chinakohl (etwa 150 g)
½ Bio-Salatgurke
1 rote Pfefferschote

**FÜR DIE MARINADE:**

2 ½ EL Reisweinessig
1 ½ EL Limettensaft
3 EL Sojasauce
1 TL rote Currypaste (erhältlich im Asialaden)
3 EL Sesamöl
Salz
gem. Pfeffer
1 EL Zucker

75 g geraspelte Möhren
90 g abgetropfte Mungobohnensprossen (aus der Dose)
125 g Bio-Tofu

**PRO PORTION:**

E: 7 g, F: 11 g, Kh: 19 g, kcal: 211

1. Die Glasnudeln nach Packungsanleitung garen. Anschließend in einem Sieb gut abtropfen und erkalten lassen.

2. Den Chinakohl putzen. Den halben Kohl nochmals halbieren und den Strunk herausschneiden. Kohl in schmale Streifen schneiden, abspülen und sehr gut abtropfen lassen. Die Salatgurke abspülen, abtrocknen und das Ende abschneiden. Gurke längs halbieren, entkernen und in dünne Scheiben schneiden. Pfefferschote abspülen, abtrocknen, halbieren und in kleine Würfel schneiden. Gurkenscheiben mit den Pfefferschotenwürfeln vermischen.

3. Für die Marinade Essig mit Limettensaft, Sojasauce und Currypaste verrühren. Das Sesamöl unterschlagen, mit Salz, Pfeffer und Zucker würzen.

4. Zwei Drittel der Chinakohlstreifen in 4 hohen Gläsern verteilen. Möhrenraspel daraufgeben, mit gut 1 Esslöffel der Marinade beträufeln. Die Gurken-Pfefferschoten-Mischung daraufgeben. Wieder mit 1–2 Esslöffeln Marinade beträufeln.

5. Zuerst die Mungobohnensprossen, dann die Glasnudeln daraufgeben. Die restlichen Chinakohlstreifen darauf verteilen und mit der Hälfte der restlichen Marinade beträufeln.

6. Tofu zerbröseln, mit der restlichen Marinade verrühren und als Abschluss auf die Chinakohlstreifen geben. Den Schichtsalat mit Frischhaltefolie zugedeckt in den Kühlschrank stellen und mindestens 5–6 Stunden durchziehen lassen.

## ASIATISCHER MANGOSALAT MIT STECKRÜBE

- Zubereitungszeit: 30 Minuten, ohne Abkühlzeit
- Vegetarisch

### ZUTATEN FÜR 4 PORTIONEN

1 kleine Steckrübe (etwa 1,3 kg)
Salz
1 Knoblauchzehe
5 EL Zitronensaft
gem. Pfeffer
3 EL mildes Olivenöl
2 EL Distelöl (Safloröl)
50 g Pekannusskerne
1 Prise–½ TL geschroteter Chili

### FÜR DAS DRESSING:

300 g Joghurt (3,5 % Fett)
2 EL Crème fraîche
1–2 TL Ahornsirup
1–1 ½ TL mildes Currypulver

3 Frühlingszwiebeln
1 reife Mango (etwa 600 g)
125 g feiner Blattsalat, z. B. Mizuna-Salat

### PRO PORTION:

E: 9 g, F: 28 g, Kh: 38 g, kcal: 459

**1.** Steckrübe schälen, abspülen, abtropfen lassen und in etwa 1 cm dicke Scheiben schneiden. Etwa 1 l Wasser in einem Topf zugedeckt zum Kochen bringen. 1 Esslöffel Salz und die Steckrübenscheiben zugeben. Die Steckrübenscheiben darin zugedeckt 8–10 Minuten garen.

**2.** Inzwischen Knoblauch abziehen und durch eine Presse drücken. Mit Zitronensaft, Salz, Pfeffer und den Ölen in einer Schüssel verquirlen. Steckrüben abtropfen und etwas abkühlen lassen. Dann auf einer scharfen Küchenreibe in nicht zu feine Streifen in das Dressing hobeln. Alles vorsichtig durchmischen, die Steckrüben ziehen lassen.

**3.** Pekannusskerne grob hacken, in einer beschichteten Pfanne ohne Fett rösten, Chili darüberstreuen. Auf einem Teller auskühlen lassen.

**4.** Für das Dressing Joghurt, Crème fraîche, Ahornsirup, Salz, Pfeffer und Curry verrühren, das Dressing abschmecken.

**5.** Frühlingszwiebeln putzen, abspülen, abtropfen lassen und schräg in feine Scheiben schneiden. Das Fruchtfleisch der Mango vom Kern schneiden, Mangostücke schälen und klein schneiden. Marinierte Steckrüben, Frühlingszwiebeln und Mangostücke mischen, mit Salz, Pfeffer und eventuell etwas Zitronensaft abschmecken.

**6.** Salat verlesen, abspülen, gründlich abtropfen lassen oder trocken schleudern. Salat und Steckrüben-Mischung auf Tellern anrichten. Chili-Pekannüsse darüberstreuen. Das Dressing darüberträufeln und den Salat servieren.

NEUE SALATE

# AVOCADO-HÜLSENFRUCHT-SALAT, PIKANT

🕐 Zubereitungszeit: 35 Minuten
✚ Vegetarisch

### ZUTATEN FÜR 4 PORTIONEN

500 g abgetropfte, gegarte Hülsenfrüchte nach Geschmack (aus der Dose), z. B. große weiße Bohnenkerne, Linsen, Kichererbsen
1 große weiße Zwiebel
1 rote Zwiebel
4 EL Olivenöl
1 Knoblauchzehe
50 ml Gemüsebrühe
4–5 EL milder Essig, z. B. Apfelessig
Salz
gem. Pfeffer
600 g kleine Tomaten
1 Passionsfrucht (Maracuja)
1 Bund Basilikum

1–2 reife Avocado
200 g milder, cremiger Feta

### PRO PORTION:

E: 22 g, F: 47 g, Kh: 24 g, kcal: 637

**1.** Hülsenfrüchte in ein Sieb geben, kalt abspülen und gut abtropfen lassen. Zwiebeln abziehen. Weiße Zwiebel in feine Würfel schneiden.

**2.** Zwei Esslöffel Öl in einem Topf erhitzen. Zwiebelwürfel darin glasig dünsten. Knoblauch abziehen und durch eine Presse dazudrücken. Bohnen und Brühe hinzugeben, kurz offen dünsten, bis die Flüssigkeit fast ganz verdampft ist. Mit Essig, Salz und Pfeffer würzen, in eine Schüssel geben und etwas abkühlen lassen.

**3.** Inzwischen die rote Zwiebel halbieren, in feine Ringe schneiden. Tomaten putzen, abspülen, trocken reiben und in Spalten oder Würfel schneiden. Passionsfrucht halbieren, Fruchtfleisch inklusive der Kerne mit einem Teelöffel herauslösen.

**4.** Passionsfruchtmark, Zwiebeln, Tomaten und Bohnenkerne mischen. Mit Salz, Pfeffer und evtl. etwas Essig abschmecken. Restliches Öl unterrühren.

**5.** Basilikum abspülen, trocken schütteln und die Blättchen abzupfen. Basilikum in Streifen schneiden, unter den Salat mischen.

**6.** Avocado halbieren, Kern herauslösen, Fruchtfleisch schälen und in Spalten schneiden. Feta abtropfen lassen und zerbröckeln. Bohnensalat mit Avocado und Feta anrichten.

### TIPP:

Sehr lecker und leicht würzig schmeckt der Salat, wenn Sie ihn zusätzlich mit 100–150 g geputztem Rucola anrichten.

# BABY-LEAF-CHAMPIGNON-SALAT MIT ARONIABEEREN

🕐 Zubereitungszeit: 20 Minuten, ohne Einweichzeit
✚ Vegetarisch

### ZUTATEN FÜR 4 PORTIONEN

80 ml Apfelsaft
18–20 g getrocknete Aroniabeeren
3–4 EL Kürbiskerne

### FÜR DAS DRESSING:

1 TL milder Senf
Salz
gem. Pfeffer
5 EL mildes nussiges Öl, z. B. Avocado-, Walnuss- oder Kürbiskernöl

300 g gemischte feine Salatblättchen, z. B. Baby-Leaf-Salat (alternativ 1 großer Kopf Freiland-Blattsalat)
3 Schalotten
250 g rosé Champignons
2 EL Olivenöl

6 EL abgetropfter Gemüsemais (aus der Dose)

### PRO PORTION:

E: 7 g, F: 21 g, Kh: 9 g, kcal: 269

1. Apfelsaft und Aroniabeeren mischen, mindestens 4 Stunden marinieren und quellen lassen.

2. Kürbiskerne in einer Pfanne ohne Fett rösten, auf einem Teller auskühlen lassen. Aroniabeeren abtropfen lassen, dabei den Saft auffangen.

3. Senf und aufgefangenen Saft verquirlen. Mit Salz, Pfeffer, Zucker und 5 Esslöffel Öl gründlich verrühren. Salat verlesen, gründlich kalt spülen und trocken schleudern.

4. Schalotten schälen und in feine Spalten schneiden. Pilze putzen, evtl. noch anhängenden Sand mit einem Küchenpapier abreiben. Pilze blättrig schneiden.

5. Olivenöl in einer Pfanne erhitzen. Schalotten darin glasig dünsten. Die Temperatur erhöhen, Pilze zugeben und unter Wenden kurz kräftig anbraten. Mit Salz und Pfeffer würzen.

6. Salat, Beeren, Mais und Pilze auf Teller verteilen. Das Dressing darüberträufeln.

### WARENKUNDE:

Aroniabeeren, auch Apfelbeeren genannt, sind als getrocknete Früchte oder als Saft im Handel. Die Beeren ähneln Heidelbeeren, sind aber im Geschmack deutlich herber und säuerlicher. Werden sie getrocknet als Salatzutat verwendet, empfiehlt es sich, sie vorher einzuweichen. Sowohl Beeren als auch der Saft enthalten neben Mineralstoffen und Vitaminen große Mengen an pflanzlichen Antioxidantien. Das sind z. B. in Lebensmitteln natürlich vorkommende Flavonoide, die die Körperzellen vor schädlichen Stoffen schützen können.

## BABYSPINATSALAT MIT HARISSA-JOGHURT, CROÛTONS UND POCHIERTEM EI

⏱ Zubereitungszeit: 30 Minuten
✚ Vegetarisch

### ZUTATEN FÜR 4 PORTIONEN

200 g Babyspinat
400 g Joghurt (3,5 % Fett)
4 TL Harissa (scharfe Gewürzpaste)
2 Bio-Limetten (unbehandelt, ungewachst)
Salz
4 Scheiben Vollkorntoast
4 EL Olivenöl
4 EL Butter
4 l Wasser
8 EL Weißweinessig
4 frische Eier (Größe M)
100 g Rote-Bete-Sprossen

### PRO PORTION:

E: 15 g, F: 24 g, Kh: 20 g, kcal: 381

1. Den Babyspinat putzen, gründlich waschen, abtropfen lassen und in einer Salatschleuder trocken schleudern oder mit Küchenpapier trocken tupfen.

2. Danach den Joghurt mit Harissa (nach Geschmack und Schärfe) glatt rühren. Die Limetten heiß abwaschen, abtrocknen. Von den Limetten die Schale abreiben, Limetten halbieren und den Saft auspressen. Den Joghurt mit Salz, Limettenschale und -saft würzen.

3. Die Toastbrotscheiben entrinden und in gleich große Würfel schneiden. Das Olivenöl in einer großen Pfanne erhitzen, Butter darin zerlassen. Die Brotwürfel darin von allen Seiten rösten und leicht mit Salz würzen. Die Brotwürfel aus der Pfanne nehmen und auf Küchenpapier abtropfen lassen.

4. Wasser mit Essig in einem breiten, flachen Topf zum Kochen bringen. Die Eier in einer Tasse aufschlagen und vorsichtig in das siedende (nicht sprudelnd kochende) Wasser gleiten lassen. Eiweiß sofort mit 2 Esslöffeln jeweils an das Eigelb schieben. Die Eier bei schwacher Hitze 3–4 Minuten ohne Deckel gar ziehen lassen.

5. Die gegarten Eier mit einem Schaumlöffel aus dem Wasser nehmen, kurz in kaltes Wasser tauchen und abtropfen lassen.

6. Den Babyspinat mit der vorbereiteten Joghurtsauce vermengen und mit Salz abschmecken.

7. Den Spinatsalat auf Tellern anrichten und jeweils das pochierte, warme Ei daraufsetzen. Mit Croûtons und Sprossen bestreuen.

# BALEAREN-WURST-SALAT

⏱ Zubereitungszeit: 50 Minuten, ohne Abkühlzeit

**ZUTATEN FÜR 6 PORTIONEN**

je 1 kleine rote, grüne und gelbe Paprikaschote
  (je etwa 175 g)
50 g Schalotten
10 EL Olivenöl
100 g abgetropfte schwarze Oliven, mit Stein
0,2 g Safran (aus Döschen)
300 ml Orangensaft
4 EL Weißweinessig
Salz, gem. schwarzer Pfeffer
180–200 g Baguette zum Aufbacken
  (Fertigprodukt)
100 g Serrano-Schinken, in Scheiben
50 g Chorizo-Wurst, in Scheiben
40 g Manchego-Käse, ohne Rinde
6 Stängel glatte Petersilie
50 g Salzmandeln

**PRO PORTION:**

E: 15 g, F: 28 g, Kh: 27 g, kcal: 428

**1.** Paprikaschoten halbieren, entstielen, entkernen und die weißen Scheidewände entfernen. Schoten abspülen, abtropfen lassen und in etwa ½ cm breite Streifen schneiden. Schalotten abziehen und in feine Würfel schneiden.

**2.** Von dem Olivenöl 3 Esslöffel in einer Pfanne erhitzen. Paprikastreifen und Schalottenwürfel darin unter Wenden bei starker Hitze etwa 1 Minute anbraten.

**3.** Anschließend Oliven, Safran, Orangensaft und Essig hinzugeben. Die Zutaten mit Salz und Pfeffer würzen, etwa 2 Minuten einkochen lassen. Die Pfanne von der Kochstelle nehmen. Das Paprikagemüse erkalten lassen.

**4.** In der Zwischenzeit den Backofengrill vorheizen.

**5.** Das Baguette in sehr dünne Scheiben schneiden. Die Baguettescheiben auf ein Backblech legen. Das Backblech unter den heißen Backofengrill schieben, goldbraun rösten.

**6.** Den Serrano-Schinken in etwa 2 cm breite Streifen schneiden. Chorizo in feine Streifen schneiden. Manchego in dünne Blättchen hobeln.

**7.** Petersilie abspülen, abtropfen lassen und die Blättchen von den Stängeln zupfen. Blättchen grob schneiden. Die Salzmandeln grob hacken.

**8.** Die Petersilie mit 5 Esslöffeln von dem restlichen Olivenöl unter das erkaltete Paprikagemüse geben.

**9.** Das restliche Olivenöl in einer Pfanne erhitzen. Die Schinkenstreifen darin bei mittlerer Hitze etwa 1 Minute erwärmen.

**10.** Die Baguettescheiben mit dem Paprikagemüse, dem Serrano-Schinken und der Chorizo-Wurst mischen. Den Salat auf einer Platte anrichten, mit dem Käse und den Mandeln bestreuen. Den Salat sofort servieren.

# BAUERNSALAT

⏱ Zubereitungszeit: 30 Minuten

**ZUTATEN FÜR 12 PORTIONEN**

24 hauchdünne Scheiben Bacon (Frühstücksspeck)

**FÜR DAS DRESSING:**

100 ml kräftige Fleischbrühe, z. B. Instant
Saft von ½ Zitrone
5 EL Weißweinessig
gem. Pfeffer, 1 Prise Zucker
Salz
60 ml kalt gepresstes Olivenöl

6 hart gekochte Eier
300 g mittelalter Gouda, in Scheiben
2 mittelgroße Köpfe Eisbergsalat
6 mittelgroße Fleischtomaten
2 rote Zwiebeln
je 1 große rote und gelbe Paprikaschote
150 g rosé Champignons

**PRO PORTION:**

E: 16 g, F: 26 g, Kh: 6 g, kcal: 321

**1.** Bacon in einer großen Pfanne ohne Fett knusprig auslassen. Baconscheiben auf Küchenpapier abtropfen lassen.

**2.** Für das Dressing Brühe, Zitronensaft und Essig zum verbliebenen Bratfett in die Pfanne geben und gut verrühren. Mit Pfeffer, Zucker und evtl. noch etwas Salz abschmecken. Den Fond mit Olivenöl in einen hohen Rührbecher geben und mit einem Schneebesen verschlagen. Oder den Fond mit Olivenöl in einen Dressing-Shaker geben und kräftig durchschütteln. Dressing nochmals mit den Gewürzen abschmecken und in den Kühlschrank stellen.

**3.** Dann die Eier pellen und in Spalten schneiden. Käsescheiben übereinanderlegen und in Streifen schneiden. Salatköpfe putzen, vierteln, jeweils den Strunk herausschneiden. Salat in Streifen schneiden, abspülen, gut abtropfen lassen und in eine große Schüssel geben.

**4.** Tomaten abspülen, trocken tupfen, halbieren und die Stängelansätze herausschneiden. Die Tomatenhälften grob würfeln. Zwiebeln abziehen, zuerst in feine Scheiben schneiden, dann in Ringe teilen. Paprikaschoten halbieren, entstielen, entkernen, weiße Scheidewände entfernen. Schoten abspülen, abtropfen lassen und in grobe Würfel schneiden. Champignons putzen, evtl. kurz abspülen, gut trocken tupfen und in Scheiben schneiden.

**5.** Käsestreifen, Tomatenwürfel, Zwiebelringe, Paprikawürfel und Champignonscheiben zu den Salatstreifen in die Schüssel geben. Das kalt gestellte Dressing vorsichtig unterheben.

**6.** Baconscheiben in Stücke brechen und mit den Eierspalten auf dem Salat anrichten.

**TIPP:**

Das kalt gestellte Dressing in einem Shaker extra zu dem Bauernsalat reichen. So kann sich jeder Gast seinen Salat mit dem Dressing selbst beträufeln und die Zutaten bleiben lange frisch und knackig.

# BERGLINSENSALAT MIT LACHS UND DILL-DRESSING

🕐 Zubereitungszeit: 25 Minuten
Garzeit: 15–20 Minuten

## ZUTATEN FÜR 2 PORTIONEN

225 g feine Berglinsen (ohne Einweichzeit),
  z. B. Beluga-Linsen
Salz
1 TL Instant-Gemüsebrühepulver

3 große Frühlingszwiebeln
1 Bund Dill (ersatzweise 3 EL TK-Dill)
500 g Tomaten
3–4 EL milder Weißwein- oder Apfelessig
gem. Pfeffer
1–2 TL süßer Senf
3 EL Olivenöl

250 g heiß geräuchertes Lachsfilet (Stremellachs;
  alternativ z. B. geräucherte Meerforelle)

## PRO PORTION:

E: 58 g, F: 33 g, Kh: 57 g, kcal: 797

---

**1.** Linsen in ein Sieb geben, mit kaltem Wasser abspülen und abtropfen lassen. Die Linsen gut mit Wasser bedeckt in einen Topf geben und aufkochen. Bei schwacher Hitze 15–20 Minuten bei leicht geöffnetem Topfdeckel köcheln lassen. In den letzten 5 Minuten der Garzeit je 1 Teelöffel Salz und Instant-Brühe einrühren.

**2.** In der Zwischenzeit Frühlingszwiebeln putzen, abspülen, abtropfen lassen und in feine Scheiben schneiden.

**3.** Dill abspülen, trocken schütteln und grob hacken. Tomaten abspülen, abtrocknen und die Stängelansätze herausschneiden. Tomaten in Spalten schneiden.

**4.** Essig, Salz, Pfeffer und Senf in einer Schüssel verrühren, Öl unterschlagen. Dill und Frühlingszwiebeln untermischen. Die Linsen abgießen, abtropfen lassen und mit dem Dressing mischen. Mit Tomatenspalten und dem Lachs anrichten.

## TIPPS:

Dazu passt knuspriges Baguette genauso gut wie herzhaftes Holzofenbrot.
Die Garzeit der Linsen lässt sich noch verkürzen. Weichen Sie die angegebene Menge am Vorabend in reichlich kaltem Wasser ein. Dann abgießen und in 10–15 Minuten garen.
Reicht für 2 Personen zum Sattessen und für 4 Personen als Snack.

# BIG-SALAD-BOWL MIT CASHEWKERN-DRESSING UND SÜSSKARTOFFEL-FRIES

🕐 Zubereitungszeit: 25 Minuten, ohne Einweichzeit
➕ Vegan

## ZUTATEN FÜR 4 PORTIONEN

75 g Cashewkerne, z. B. Cashewkernbruch

### FÜR DIE SÜSSKARTOFFEL-FRIES:

4–5 Blätter frischer Salbei
    (ersatzweise 1 TL getrockneter Salbei)
Salz
2 mittelgroße Süßkartoffeln
    (Bataten; je etwa 250 g)
etwa 75 ml Pflanzenöl zum Frittieren

### FÜR DEN SALAT:

2 kleine rote Zwiebeln
125 g rosé Champignons
2 kleine Paprikaschoten, z. B. gelb oder rot
250 g feiner Blattsalate-Mix

1 Knoblauchzehe
2 EL Zitronensaft
gem. Pfeffer

### PRO PORTION:

E: 9 g, F: 17 g, Kh: 36 g, kcal: 352

**1.** Cashewkerne großzügig mit heißem Wasser bedeckt mindestens 6 Stunden einweichen.

**2.** Für die Süßkartoffel-Fries Salbei abspülen, trocken schütteln und groß schneiden, mit etwa 1 Teelöffel Salz in einem Mörser zerstoßen.

**3.** Süßkartoffeln schälen, waschen und längs auf einem stabilen Küchenhobel oder mit der Küchenmaschine in sehr feine Scheiben hobeln. Das Öl in einem Wok oder in einer tiefen Pfanne stark erhitzen, die Süßkartoffelscheiben darin portionsweise braun frittieren, auf Küchenpapier abtropfen lassen. Mit dem Salbeisalz bestreuen.

**4.** Für den Salat die Zwiebeln abziehen und in feine Ringe schneiden. Pilze putzen, evtl. noch anhängenden Sand mit einem Küchenpapier abreiben. Pilze blättrig schneiden.

**5.** Paprikaschoten halbieren, entstielen, entkernen, die weißen Scheidewände entfernen. Paprika abspülen, abtropfen lassen und in Streifen schneiden. Salate verlesen, gründlich waschen, abtropfen lassen und trocken schleudern.

**6.** Knoblauch abziehen und in Würfel schneiden. Cashewkerne abgießen, mit Knoblauch, 120 ml Wasser und Zitronensaft in einen stabilen Mixer geben und zu einem cremigen Dressing pürieren. Mit Salz und Pfeffer abschmecken.

**7.** Vorbereitete Salatzutaten und Bataten auf Tellern verteilen, das Dressing darüberträufeln und anrichten.

NEUE SALATE

# BLUMENKOHL-SALAT AUF SPANISCHE ART

🕐 Zubereitungszeit: 30 Minuten, ohne Abkühl- und Durchziehzeit
Garzeit: 10–15 Minuten

## ZUTATEN FÜR 4 PORTIONEN

1 großer Blumenkohl
Salz
100 g TK-Erbsen

## FÜR DAS DRESSING:

2 Eier (Größe M)
1–2 Knoblauchzehen
1 abgetropftes, eingelegtes Sardellenfilet
1 TL milder Senf
2 EL Weißweinessig oder Zitronensaft
4 EL mildes Pflanzenöl, z. B. Traubenkernöl
3 EL Olivenöl
125 g Jogurt (3,5 % Fett)
gem. Pfeffer
1 Prise Zucker
1 Bund Schnittlauch

100 g Chorizo (würzige spanische Paprikawurst)
200 g kleine milde grüne Chilischoten (Pimientos de Padrón)
Meersalz

## PRO PORTION:

E: 18 g, F: 28 g, Kh: 12 g, kcal: 396

---

**1.** Blumenkohl putzen, in Röschen teilen, abspülen und abtropfen lassen. Etwas Wasser in einem weiten Topf erhitzen. Salz und Blumenkohlröschen zugeben. Zugedeckt bei schwacher Hitze 10–15 Minuten (je nach Größe der Röschen) dünsten. Der Blumenkohl sollte noch bissfest sein. Erbsen etwa 2 Minuten mitgaren. Das Gemüse abgießen, in eine Schüssel geben und etwas abkühlen lassen.

**2.** Für das Dressing Eier hart kochen, abschrecken und schälen. Eier abkühlen lassen, halbieren. Eigelb herauslösen. Knoblauch abziehen, würfeln und mit etwa ¼ Teelöffel Salz mischen, etwas ziehen lassen. Knoblauch fein zerreiben, mit Sardellenfilet, Senf, Essig oder Zitronensaft und mit Traubenkernöl und 2 Esslöffeln Olivenöl fein pürieren. Joghurt unterrühren. Mit Salz, Pfeffer und Zucker abschmecken. Schnittlauch abspülen, trocken schütteln und fein schneiden. Schnittlauch unter das Dressing mischen, nochmals abschmecken.

**3.** Dressing über das Gemüse geben, vorsichtig untermischen und etwas ziehen lassen.

**4.** Chorizo in feine Scheiben schneiden. Pimientos abspülen, abtropfen lassen und trocken reiben. Übriges Öl in einer beschichteten Pfanne erhitzen. Pimientos darin unter Wenden rösten. Mit Meersalz würzen.

**5.** Gemüse, Chorizoscheiben und Pimientos auf Tellern anrichten und servieren.

## TIPPS:

Ein edler und würziger Zusatzgenuss: Servieren Sie den Salat mit eingelegten Kapernäpfel (aus dem Glas) und fein gehobeltem Manchego (spanischer Schnittkäse mit Schafsmilch). Hacken Sie das gekochte Eiweiß fein und streuen Sie es vor dem Servieren über den Salat.

# BLUMENKOHL-SALAT, KLASSISCH

⏲ Zubereitungszeit: 35 Minuten, ohne Abkühl- und Durchziehzeit
✚ Vegetarisch

**ZUTATEN FÜR 4 PORTIONEN**

1 Blumenkohl (etwa 750 g)
Salz

**FÜR DIE REMOULADENSAUCE:**

2 hart gekochte Eier
1 frisches rohes Eigelb (Größe M)
125 ml Speiseöl
2 EL Weißweinessig oder Zitronensaft
1 TL mittelscharfer Senf
2 EL klein geschnittene Kräuter,
    z. B. Kerbel, Schnittlauch
etwas Zucker

**PRO PORTION:**

E: 7 g, F: 36 g, Kh: 3 g, kcal: 384

---

**1.** Vom Blumenkohl die Blätter entfernen und den Strunk abschneiden. Den Blumenkohl in Röschen teilen, abspülen und abtropfen lassen.

**2.** Die Blumenkohlröschen in kochendem Salzwasser in 8–10 Minuten bissfest garen. Blumenkohlröschen in einem Sieb abtropfen und erkalten lassen.

**3.** Für die Remouladensauce die Eier pellen, halbieren und jeweils das Eigelb herauslösen. Eigelb durch ein Sieb streichen, mit dem rohem Eigelb und 1 Prise Salz verrühren. Dann die Hälfte des Speiseöls tropfenweise unterschlagen, sodass eine feste Masse entsteht.

**4.** Essig oder Zitronensaft und Senf hinzufügen. Restliches Speiseöl unterrühren.

**5.** Das hart gekochte Eiweiß in kleine Würfel schneiden, mit den Kräutern unter die Sauce rühren, mit Salz und Zucker abschmecken.

**6.** Die erkalteten Blumenkohlröschen vorsichtig mit der Sauce vermengen und den Salat zugedeckt im Kühlschrank gut durchziehen lassen.

**7.** Den Salat vor dem Servieren evtl. nochmals mit Salz und Zucker abschmecken.

**HINWEIS:**

Nur ganz frische Eier verwenden (Legedatum beachten, mind. 23 Tage Resthaltbarkeit).

# BOHNEN-KARTOFFEL-SALAT MIT SCHAFSKÄSESAUCE

- Zubereitungszeit: 40 Minuten, ohne Durchziehzeit
- Vegetarisch

### ZUTATEN FÜR 4 PORTIONEN

250 g dünne grüne Bohnen
Salz

**FÜR DIE SCHAFSKÄSESAUCE:**

180 g Schafskäse (9 % Fett)
200–225 ml Milch (3,5 % Fett)
1–1 ½ TL mittelscharfer Senf
2–3 EL Zitronensaft
gem. Pfeffer

750 g gegarte mittelgroße Pellkartoffeln, z. B. vom Vortag
1 kleine Zucchini (etwa 200 g)
1 großes Bund Frühlingszwiebeln (etwa 300 g)
4 EL Sonnenblumenkerne
je 1 Bund Petersilie und Schnittlauch

**PRO PORTION:**

E: 19 g, F: 9 g, Kh: 48 g, kcal: 358

**1.** Von den Bohnen die Enden abschneiden, evtl. abfädeln. Die Bohnen abspülen, abtropfen lassen und in kleine Stücke schneiden. Wasser in einem Topf zum Kochen bringen, Salz hinzugeben und die Bohnenstücke darin 8–10 Minuten garen. Die Bohnen in ein Sieb geben, kurz mit kaltem Wasser abschrecken, abtropfen und erkalten lassen.

**2.** Für die Sauce in der Zwischenzeit den Schafskäse mit 200 ml Milch in einen hohen Rührbecher geben und mit einem Pürierstab cremig pürieren. Senf, Zitronensaft und evtl. die restliche Milch unterrühren. Das Schafskäse-Dressing mit Pfeffer und evtl. etwas Salz abschmecken.

**3.** Die Pellkartoffeln pellen, in Scheiben schneiden und unter die Sauce rühren. Den Salat etwa 5 Minuten durchziehen lassen, dabei gelegentlich umrühren.

**4.** In der Zwischenzeit die Zucchini abspülen, abtrocknen und die Enden abschneiden. Zucchini in kleine Würfel schneiden. Frühlingszwiebeln putzen, abspülen, abtropfen lassen und in feine Scheiben schneiden.

**5.** Abgekühlte Bohnen, Zucchiniwürfel und Frühlingszwiebelscheiben unter den Salat rühren. Den Salat zugedeckt etwa 30 Minuten im Kühlschrank durchziehen lassen.

**6.** Die Sonnenblumenkerne in einer Pfanne ohne Fett unter Wenden anrösten und dann auf einen Teller geben. Petersilie und Schnittlauch abspülen und trocken tupfen. Petersilienblättchen von den Stängeln zupfen und fein schneiden. Den Schnittlauch in kleine Röllchen schneiden.

**7.** Die Kräuter unter den Salat rühren. Den Salat nochmals mit den Gewürzen abschmecken und mit den Sonnenblumenkernen bestreut servieren.

**TIPP:**

Auf die Sonnenblumenkerne sollten Sie auf keinen Fall verzichten. Diese absoluten Fitmacher versorgen Sie unter anderem mit Folsäure, Eiweiß und Magnesium.

## BOHNENVARIATION IN ROTER SAUCE

- Zubereitungszeit: 40 Minuten
  Garzeit: 8–10 Minuten
- Vegetarisch

### ZUTATEN FÜR 4 PORTIONEN

300 g breite grüne Bohnen
300 g Prinzessbohnen
Salz
275 g Roma-Tomaten
1 Chilischote
250 g abgespülte, abgetropfte weiße Bohnenkerne (aus der Dose)
250 g abgespülte, abgetropfte rote Bohnenkerne (aus der Dose)
400 g stückige Tomaten (aus der Dose)

### FÜR DAS DRESSING:

4 EL Weißweinessig
6 EL Olivenöl
gem. Pfeffer
1 Prise Zucker

1 kleines Baguette (etwa 200 g)
60 g ger. Parmesan

### PRO PORTION:

E: 24 g, F: 22 g, Kh: 60 g, kcal: 538

**1.** Von den breiten grünen Bohnen und Prinzessbohnen die Enden abschneiden, evtl. abfädeln. Bohnen abspülen, abtropfen lassen und in etwa 5 cm lange Stücke schneiden.

**2.** Die Bohnenstücke in kochendem Salzwasser 8–10 Minuten garen. Bohnen in ein Sieb geben, mit kaltem Wasser abschrecken und abtropfen lassen.

**3.** In der Zwischenzeit die Tomaten abspülen, abtrocknen, halbieren und die Stängelansätze herausschneiden. Die Tomaten in Würfel schneiden. Die Chilischote abspülen, abtrocknen, längs halbieren, entstielen, entkernen und in dünne Streifen schneiden.

**4.** Die abgetropften Bohnen mit den weißen und roten Bohnenkernen in eine große Schüssel geben. Tomatenwürfel, stückige Tomaten und Chilistreifen untermischen.

**5.** Für das Dressing Essig mit Olivenöl verschlagen, mit Salz, Pfeffer und Zucker würzen. Das Dressing mit den Salatzutaten vermischen.

**6.** Den Backofengrill (auf etwa 240 °C) vorheizen. Das Baguette in Scheiben schneiden.

**7.** Die Baguettescheiben mit Parmesan bestreuen und auf ein Backblech legen. Das Backblech unter den vorgeheizten Grill schieben. Die Baguettescheiben kurz überbacken.

**8.** Den Salat nochmals mit Salz, Pfeffer und etwas Zucker abschmecken und mit den Parmesan-Toasts servieren.

# BRATWURSTSALAT

⏱ Zubereitungszeit: 20 Minuten

**ZUTATEN FÜR 4 PORTIONEN**

4–6 gegrillte Bratwürste,
  z. B. übrig gebliebene vom Vortag
½ Salatgurke
8 Radieschen
2 rote Zwiebeln
6 Scheiben Bergkäse (etwa 125 g)
225 g abgetropfter Gemüsemais (aus der Dose)

**FÜR DAS DRESSING:**

2 EL Weißweinessig
1 EL mittelscharfer Senf
5 EL Speiseöl
Salz
gem. Pfeffer
Zucker

1 Bund Schnittlauch

**PRO PORTION:**

E: 29 g, F: 53 g, Kh: 11 g, kcal: 635

**1.** Die gegrillten Bratwürste in dünne Scheiben schneiden. Die Salatgurke abspülen, abtrocknen und das Ende abschneiden. Die Gurke längs vierteln und grob würfeln.

**2.** Die Radieschen putzen, abspülen, abtropfen lassen und in dünne Scheiben schneiden.

**3.** Die Zwiebeln abziehen und in dünne Scheiben schneiden. Den Bergkäse in feine Streifen schneiden. Den Mais mit den Bratwurst-, Radieschen- und Zwiebelscheiben, den Gurkenwürfeln und den Käsestreifen in einer Schüssel vermischen.

**4.** Für das Dressing Essig mit Senf verrühren und das Speiseöl unterschlagen. Mit Salz, Pfeffer und Zucker würzen, mit den Salatzutaten vermischen.

**5.** Schnittlauch abspülen, trocken tupfen und in Röllchen schneiden. Den Salat mit den Schnittlauchröllchen bestreut servieren.

**TIPP:**

Bei Ihnen sind noch nie Bratwürste beim Grillen übrig geblieben? Dann einfach in Scheiben geschnittene Geflügel-Fleischwurst oder Fleischkäse (250–400 g) mit den Salatzutaten mischen.

# BROKKOLI-NUDEL-SALAT MIT SESAMDRESSING

⏱ Zubereitungszeit: 25 Minuten
ohne Abkühl- und Marinierzeit
➕ Vegan

### ZUTATEN FÜR 6 PERSONEN

Salz
200–250 g vegane Muschelnudeln
(oder andere Pasta nach Wahl)

500 g Brokkoli
2 Schalotten
1 große Knoblauchzehe
30 g getrocknete Tomatenhälften, in Öl
125 ml mildes Olivenöl
gem. Pfeffer
ger. Muskatnuss

### FÜR DAS SESAMDRESSING:

100 ml kräftige Gemüsebrühe
100 ml Pflanzendrink, z. B. Hafer-,
Dinkel- oder Reisdrink
1 ½ EL Zitronensaft
1–2 TL milder Senf
1 EL geschälte Sesamsamen
2 EL geröstetes Sesamöl

100 g kleine rosé Champignons
140 g abgetropfter Gemüsemais (aus der Dose)
1–2 TL Schwarzkümmel

### PRO PORTION:

E: 10 g, F: 27 g, Kh: 36 g, kcal: 444

**1.** Reichlich Wasser in einem Topf zugedeckt aufkochen. Salz und Nudeln zugeben, durchrühren. Nudeln nach Packungsanweisung bissfest garen.

**2.** Brokkoli putzen, in Röschen teilen, die dicken Stiele schälen und klein schneiden. Schalotten und Knoblauch schälen und würfeln. Tomaten abtropfen lassen, in Streifen schneiden.

**3.** Ein Esslöffel Olivenöl in einem Topf erhitzen. Schalotten und Knoblauch darin glasig dünsten. Brokkoli, Tomaten und etwa 3 Esslöffel Wasser hinzugeben. Mit Salz, Pfeffer und Muskat würzen. Den Brokkoli zugedeckt bissfest dünsten. Danach Brokkoli und Tomatenstreifen abgießen und abtropfen lassen.

**4.** Für das Sesamdressing Gemüsebrühe, Pflanzendrink, Zitronensaft, Senf, Salz, Pfeffer und Sesamsamen in einen Mixer geben. Kräftig durchmixen, dabei nach und nach Sesamöl und übriges Olivenöl untermixen, bis ein cremiges Dressing entsteht.

**5.** Nudeln abgießen, abtropfen lassen. Mit dem Dressing, Brokkoli und Tomatenstreifen in einer Schüssel mischen. Abkühlen lassen.

**6.** Pilze putzen, evtl. noch anhängenden Sand mit einem Küchentuch abreiben. Pilze blättrig schneiden.

**7.** Nudeln-Brokkoli-Mischung mit Salz und Pfeffer abschmecken, evtl. noch etwas Brühe untermischen. Pilze und Mais untermischen. Mit Schwarzkümmelsamen bestreuen.

## BROTSALAT MIT ROTEN ZWIEBELN

🕐 Zubereitungszeit: 40 Minuten, ohne Abkühlzeit
✚ Vegan – laktosefrei

### ZUTATEN FÜR 6–8 PORTIONEN

300 g Fladenbrot
3 Knoblauchzehen
4 EL Olivenöl
3 EL Kürbiskerne
250 g Cocktailtomaten
2 rote Zwiebeln
1 rote Paprikaschote
1 Salatgurke (etwa 400 g)
1 Bund glatte Petersilie
15 entsteinte Kräuteroliven
Salz
gem. Pfeffer
5–7 EL Zitronensaft
6 EL Olivenöl

### PRO PORTION:

E: 7 g, F: 20 g, Kh: 26 g, kcal: 311

1. Das Fladenbrot in etwa 1 cm große Würfel schneiden. Knoblauch abziehen und fein würfeln. Das Olivenöl in einer Pfanne erhitzen. Die Brotwürfel darin bei mittlerer Hitze von allen Seiten anrösten. Knoblauchwürfel hinzufügen und kurz mit anbraten. Die Brotwürfel aus der Pfanne nehmen und erkalten lassen.

2. In der Zwischenzeit die Kürbiskerne in einer Pfanne ohne Fett unter gelegentlichem Rühren anrösten. Kürbiskerne auf einen Teller geben und erkalten lassen.

3. Die Cocktailtomaten abspülen, abtrocknen, halbieren und die Stängelansätze herausschneiden. Zwiebeln abziehen, halbieren und in schmale Streifen schneiden. Die Paprikaschote halbieren, entstielen, entkernen und die weißen Scheidewände entfernen. Die Schote abspülen, trocken tupfen und in Würfel schneiden.

4. Die Gurke abspülen, abtrocknen und die Enden abschneiden. Die Gurke evtl. schälen. Die Gurke längs vierteln und in kleine Stücke schneiden.

5. Petersilie abspülen, trocken tupfen und die Blättchen von den Stängeln zupfen. Die Blättchen fein schneiden.

6. Tomatenhälften, Zwiebelstreifen, Paprikawürfel und Gurkenstücke in eine große Schüssel geben, mit Petersilie, Oliven und Kürbiskernen mischen. Den Salat mit Salz, Pfeffer und Zitronensaft würzen, mit Olivenöl beträufeln. Die Brotwürfel unterheben und den Salat sofort servieren.

### TIPPS:

Die Brotwürfel erst kurz vor dem Verzehr mit den restlichen Salatzutaten mischen, damit sie nicht durchweichen.
Statt Fladenbrot schmeckt auch Weißbrot, Ciabatta oder Baguette. Aber auch etwas dunklere Brotsorten eignen sich gut.

# BULGUR-ORANGEN-SALAT

🕐 Zubereitungszeit: 15 Minuten, ohne Abkühlzeit
➕ Vegetarisch – laktosefrei

## ZUTATEN FÜR 4 PORTIONEN

1 TL Instant-Gemüsebrühepulver
200 g Bulgur (vorgegarte, grobe Weizengrütze)

3 EL Sonnenblumenkerne
1–2 Orangen
3 EL Orangensaft
   (frisch gepresst oder Flasche; Kühlregal)
2 EL Essig, z. B. Apfelessig
Salz, gem. Pfeffer
½ TL flüssiger Honig
4 EL Olivenöl
1 mittelgroße Fenchelknolle (etwa 350 g)
2 große Frühlingszwiebeln
250 g abgetropfte eingelegte Rote Bete
   (aus dem Glas; Kugeln oder Scheiben)

**PRO PORTION:**

E: 8 g, F: 14 g, Kh: 46 g, kcal: 375

**1.** 500 ml Wasser und Instant-Brühe in einen Topf geben und zugedeckt zum Kochen bringen. Bulgur einstreuen, einmal kurz aufkochen lassen. Dann den Topf von der Kochstelle nehmen und den Bulgur etwa 10 Minuten ausquellen lassen.

**2.** In der Zwischenzeit Sonnenblumenkerne in einer Pfanne ohne Fett kurz rösten, auf einem Teller erkalten lassen. Orangen so schälen, dass die weiße Haut mit entfernt wird. Die Orangen in Scheiben schneiden oder die Filets zwischen den Trennhäuten herausschneiden.

**3.** Orangensaft, Essig, etwas Salz, Pfeffer und Honig verrühren. Öl unterschlagen.

**4.** Fenchel und Frühlingszwiebeln putzen, abspülen und abtropfen lassen. Fenchel auf dem Küchenhobel in feine Streifen hobeln. Frühlingszwiebeln in feine Scheiben schneiden. Fenchel, Frühlingszwiebeln und Orangenstücke unter die Marinade mischen. Bulgur evtl. abtropfen lassen, ebenfalls untermischen, kurz abkühlen lassen.

**5.** Rote Bete evtl. in Spalten schneiden. Bulgur-Orangen-Salat abschmecken. Mit Sonnenblumenkernen und Roter Bete anrichten.

# BULGURSALAT MIT SPITZPAPRIKA

- Zubereitungszeit: 40 Minuten, ohne Einweich- und Durchziehzeit
- Vegetarisch

### ZUTATEN FÜR 10–12 PORTIONEN

**FÜR DEN SALAT:**

300 g Bulgur (Hartweizengrieß)
1 l kochendes Wasser
5–6 milde grüne Spitzpaprika (erhältlich in türkischen Lebensmittelläden)
1 Bund Frühlingszwiebeln
750 g kleine Rispentomaten
2 kleine Salatgurken

**FÜR DIE MARINADE:**

je 1 Bund Petersilie und Minze
4–5 EL Zitronensaft
etwa 1 gestr. TL Salz
gem. schwarzer Pfeffer
1 gestr. TL Paprikapulver edelsüß
8 EL Olivenöl

evtl. 1 Kopf Salat, z. B. Römer- oder Herzblattsalat
evtl. einige Minze- und Petersilienblättchen

**PRO PORTION:**

E: 4 g, F: 8 g, Kh: 25 g, kcal: 191

1. Für den Salat Bulgur in eine Schüssel geben, mit kochendem Wasser übergießen, erkalten und 2–3 Stunden stehen lassen. Bulgur evtl. in einem Sieb abtropfen lassen.

2. Spitzpaprika halbieren, entstielen, entkernen und die weißen Scheidewände entfernen. Schoten abspülen, trocken tupfen und in schmale Streifen schneiden. Frühlingszwiebeln putzen, abspülen, abtropfen lassen und in etwa 1 cm dicke Scheiben schneiden.

3. Tomaten abspülen, trocken tupfen, vierteln und die Stängelansätze herausschneiden.

4. Gurken abspülen, abtrocknen und die Enden abschneiden. Gurken halbieren und in kleine Würfel schneiden.

5. Für die Marinade Petersilie und Minze abspülen, trocken tupfen und die Blättchen von den Stängeln zupfen. Blättchen klein schneiden. Zitronensaft mit Salz, Pfeffer und Paprikapulver verrühren. Olivenöl unterschlagen. Petersilie und Minze unterrühren.

6. Bulgur mit den vorbereiteten Salatzutaten in eine große Schüssel geben. Die Marinade darauf verteilen und vorsichtig, aber gut untermischen. Den Salat mindestens 1 Stunde durchziehen lassen.

7. Nach Belieben Salatkopf putzen, abspülen und trocken tupfen. Die dicken Rippen aus den Salatblättern entfernen. Die Salatblätter auf eine große Servierplatte legen. Den Bulgursalat darauf anrichten. Nach Belieben mit abgespülten und trocken getupften Minze- und Petersilienblättchen garnieren.

**TIPPS:**

Statt Bulgur Couscous verwenden.
Der Salat kann auch schon einen Tag vor dem Verzehr zubereitet werden. Dann den Salat mit Frischhaltefolie zugedeckt im Kühlschrank aufbewahren.

# BULGURSALAT, VEGAN

🕐 Zubereitungszeit: 30 Minuten, ohne Abkühl- und Durchziehzeit
✚ Vegan

### ZUTATEN FÜR 4 PORTIONEN

200 g grober Bulgur (Weizengrütze)
400 ml Gemüsebrühe
1 Bio-Salatgurke
2 Fleischtomaten
1 gelbe Paprikaschote
1 Bund Frühlingszwiebeln
1 Bund glatte Petersilie
4 Stängel Minze

### FÜR DIE SALATSAUCE:

4 EL Zitronensaft
Salz
gem. Pfeffer
etwas Zucker
gem. Kreuzkümmel (Cumin)
6–8 EL Olivenöl

### PRO PORTION:

E: 8 g, F: 19 g, Kh: 47 g, kcal: 390

**1.** Bulgur in einem heißen Topf ohne Fett unter Rühren etwa 1 Minute anrösten. Dann die Brühe hinzugießen und zum Kochen bringen. Bulgur zugedeckt bei schwacher Hitze in etwa 15 Minuten ausquellen lassen. Den Bulgur abkühlen lassen, dabei ab und zu durchrühren.

**2.** In der Zwischenzeit die Gurke heiß abwaschen, abtrocknen und die Enden abschneiden. Gurke in kleine Stücke schneiden.

**3.** Die Tomaten abspülen, abtrocknen, halbieren und die Stängelansätze herausschneiden. Die Tomaten in kleine Würfel schneiden.

**4.** Die Paprikaschote halbieren, entstielen, entkernen und die weißen Scheidewände entfernen. Die Schote abspülen, abtropfen lassen und in feine Würfel schneiden. Frühlingszwiebeln putzen, abspülen, abtropfen lassen und in feine Scheiben schneiden.

**5.** Petersilie und Minze abspülen, trocken tupfen und die Blättchen von den Stängeln zupfen. Blättchen fein schneiden.

**6.** Für die Sauce Zitronensaft mit Salz, Pfeffer, Zucker und Kreuzkümmel verrühren. Das Olivenöl unterschlagen. Die vorbereiteten Salatzutaten mit der Sauce vermischen. Den Bulgursalat zugedeckt etwa 1 Stunde durchziehen lassen.

### TIPP:

Bulgur ist eingeweichter, vorgekochter körniger Weizen. Das nussig schmeckende Getreide wird ähnlich wie Reis verwendet, hat aber einen höheren Gehalt an Eiweiß und einigen B-Vitaminen.

# CAESAR-SALAT

⏱ Zubereitungszeit: 40 Minuten, ohne Abkühlzeit

**ZUTATEN FÜR 6 PORTIONEN**

**FÜR DEN SALAT:**

200 g Mini-Romana (Salatherzen)
250 g Eisbergsalat
etwas Radicchio

**FÜR DAS DRESSING:**

50 g Parmesan
1 Knoblauchzehe
250 g Salatmayonnaise
150 g Crème fraîche
2 EL Weißweinessig
Salz
gem. Pfeffer
evtl. 1 EL Wasser

**FÜR DIE CROÛTONS:**

3 Scheiben Toastbrot
2 EL Butter

4 Hähnchenbrustfilets (etwa 500 g)
3 EL Speiseöl
50 g Parmesan

**PRO PORTION:**

E: 27 g, F: 37 g, Kh: 10 g, kcal: 483

**1.** Für den Salat Salate putzen, abspülen und gut abtropfen lassen. Radicchio zum Garnieren getrennt von den anderen Salaten beiseitelegen. Die restlichen Salate in Streifen oder Stücke schneiden.

**2.** Für das Dressing den Parmesan fein reiben, Knoblauch abziehen. Mayonnaise, Crème fraîche, Knoblauch, Essig, Salz, Pfeffer und den geriebenen Parmesan in einen Rührbecher geben und fein pürieren. Falls das Dressing zu fest ist, noch etwas Wasser hinzufügen. Anschließend das Dressing abschmecken.

**3.** Für die Croûtons Toastbrotscheiben entrinden und in kleine Würfel schneiden. Butter in einer Pfanne zerlassen. Die Brotwürfel darin bei schwacher Hitze von allen Seiten goldbraun rösten, herausnehmen und beiseitelegen.

**4.** Hähnchenbrustfilets mit Küchenpapier abtupfen, mit Salz und Pfeffer würzen. Speiseöl in einer Pfanne erhitzen. Die Filets darin von beiden Seiten kräftig anbraten. Anschließend bei mittlerer Hitze in etwa 10 Minuten fertig garen, dabei ab und zu wenden.

**5.** Die Filets herausnehmen, etwas abkühlen lassen, anschließend in Scheiben schneiden.

**6.** Den Salat mit dem Dressing vermischen und in tiefen Tellern anrichten. Parmesan hobeln. Den Salat mit Parmesan, beiseitegelegtem Radicchio, Croûtons und den Hähnchenfiletscheiben garnieren.

**TIPP:**

Wenn es schnell gehen soll, nehmen Sie fertige Croûtons und gehobelten Parmesan aus dem Kühlregal.

**REZEPTVARIANTE:**

Für eine vegetarische Variante können Sie statt der Hähnchenbrustfilets auch gebratene Halloumi-Scheiben (in einer beschichteten Pfanne ohne Fett braten) verwenden.

# CHAMPIGNON-LÖWENZAHN-SALAT

🕐 Zubereitungszeit: 25 Minuten
✚ Vegan

### ZUTATEN FÜR 2 PORTIONEN

je 200 g weiße und braune Champignons
125 g Löwenzahnsalat
100 g Rucola (Rauke)

### FÜR DAS DRESSING:

1 Bio-Zitrone (unbehandelt, ungewachst)
Salz
gem. Pfeffer
1 Prise Voll-Rohrzucker
3 ½ EL Speiseöl, z. B. Raps- oder Walnussöl

evtl. 1 EL Sonnenblumenkerne (etwa 10 g)

### PRO PORTION:

E: 11 g, F: 19 g, Kh: 5 g, kcal: 223

---

**1.** Champignons putzen, evtl. kurz abspülen, trocken tupfen und je nach Größe halbieren oder vierteln.

**2.** Löwenzahn und Rucola verlesen und die dicken Stängel abschneiden. Löwenzahn und Rucola abspülen, abtropfen lassen und mit Küchenpapier trocken tupfen oder trocken schleudern. Die Blätter etwas kleiner zupfen.

**3.** Für das Dressing die Zitrone heiß abwaschen, abtrocknen und etwas von der Schale fein abreiben. Zitrone halbieren, von einer Zitronenhälfte den Saft auspressen.

**4.** 1 ½–2 Esslöffel Zitronensaft mit etwas Salz, Pfeffer und Zucker verrühren. Speiseöl unterschlagen, etwa 1 Teelöffel Zitronenschale hinzugeben und unterrühren.

**5.** Die Champignons mit Löwenzahn und Rucola in eine Schüssel geben und mit dem Dressing vorsichtig vermengen. Den Salat mit Sonnenblumenkernen bestreuen.

### TIPPS:

Als Vorspeise oder Beilage reicht der Salat auch für 4 Portionen.
Die Sonnenblumenkerne schmecken noch aromatischer, wenn man sie zuvor in einer Pfanne ohne Fett anröstet.
Löwenzahn gibt es eher in den Frühjahrs- und Sommermonaten zu kaufen. Im Herbst bzw. Winter den Salat stattdessen mit glatter Petersilie oder Feldsalat zubereiten.

# CHAMPIGNON-TOMATEN-SALAT

⏱ Zubereitungszeit: 30 Minuten
✚ Vegetarisch

### ZUTATEN FÜR 4 PORTIONEN

300 g kleine braune Champignons
150 g Cocktailtomaten
1 EL Olivenöl
10 g Pinienkerne
½ TL Fenchelsamen
1–2 EL Weißweinessig
Salz
50 g Rucola (Rauke)
100 g abgetropfter Fetakäse (15 % Fett)
1 TL Olivenöl

4 Scheiben Vollkorntoast (je etwa 25 g)
100 g Joghurt (3,5 % Fett)
gem. Pfeffer

### PRO PORTION:

E: 14 g, F: 10 g, Kh: 14 g, kcal: 194

**1.** Die Champignons putzen, evtl. kurz abspülen und trocken tupfen. Cocktailtomaten abspülen, abtrocknen, halbieren und die Stängelansätze herausschneiden. Tomatenhälften nochmals durchschneiden.

**2.** Olivenöl in einer großen Pfanne erhitzen. Pinienkerne darin unter Rühren kurz anrösten. Champignons und Fenchelsamen hinzugeben, unter Rühren etwa 3 Minuten garen. Tomatenspalten unterheben, Essig unterrühren, mit Salz würzen. Die Pfanne von der Kochstelle nehmen.

**3.** Rucola putzen und die dicken Stiele herausschneiden. Rucola abspülen, gut abtropfen lassen oder trocken schleudern. Rucola evtl. etwas kleiner zupfen und unter den Champignon-Tomaten-Salat mischen.

**4.** Den Käse in etwa 2 cm große Würfel schneiden. Olivenöl in einer Pfanne erhitzen. Die Käsewürfel darin von allen Seiten leicht anrösten.

**5.** Die Vollkorntoastscheiben toasten.

**6.** Joghurt durchrühren und mit Pfeffer abschmecken. Den Champignon-Tomaten-Salat auf den Toastscheiben verteilen. Die Käsewürfel daraufgeben, mit je einem Klecks Pfeffer-Joghurt verzieren und sofort servieren.

# CHICORÉE-TOMATEN-SALAT MIT AJVAR-OMELETT-RÖLLCHEN

- Zubereitungszeit: 15 Minuten, ohne Abkühlzeit
- Vegetarisch

## ZUTATEN FÜR 1 PORTION

### FÜR DAS OMELETT:

1 Ei (Größe M)
10 g Hafer-Schmelzflocken
3 EL kaltes Wasser
1 TL Sojasauce
gem. Pfeffer
1 TL gehackte Petersilie (frisch oder TK)

### FÜR DEN SALAT:

1 kleine Knoblauchzehe
Salz
½ TL milder Dijon-Senf
½ TL flüssiger Honig (5 g)
60 g Joghurt (3,5 % Fett)
1 Chicorée (etwa 175 g)
½ kleiner Radicchio (etwa 120 g)
5 Cocktailtomaten (etwa 90 g)

½ TL Sonnenblumenöl (2 g)
50 g Frischkäse (0,2 % Fett)
15 g Ajvar, mild (rote Paprikapaste aus dem Glas)

### PRO PORTION:

E: 20 g, F: 12 g, Kh: 25 g, kcal: 291

**1.** Für das Omelett Ei, Schmelzflocken, Wasser, Sojasauce, Pfeffer und Petersilie in einer Schüssel gründlich verschlagen. Den Teig etwa 3 Minuten quellen lassen.

**2.** In der Zwischenzeit für den Salat Knoblauch abziehen, fein würfeln und mit 1 Messerspitze Salz fein zerreiben. Knoblauch-Salz-Mischung mit Senf, Honig, Joghurt und Pfeffer glatt rühren. Vom Chicorée und Radicchio evtl. die trockenen, welken Blätter ablösen. Die Salate halbieren und die dicken Blattrippen herausschneiden. Salate in Streifen schneiden, abspülen und gut abtropfen lassen. Tomaten abspülen, abtrocknen und evtl. die Stängelansätze herausschneiden.

**3.** Sonnenblumenöl in einer beschichteten Pfanne (Ø 24 cm) erhitzen. Die Eimasse gleichmäßig auf dem Boden der Pfanne verteilen. Das Omelett von beiden Seiten hellbraun backen. Anschließend das Omelett auf einen Teller gleiten lassen und etwas abkühlen lassen.

**4.** Das Omelett mit Frischkäse bestreichen, mit etwas Salz und Pfeffer würzen. Ajvar gleichmäßig darauf verteilen. Dann das Omelett aufrollen und schräg in breite Scheiben schneiden. Die vorbereiteten Salatzutaten mit dem Dressing vermischen und mit den Omelett-Röllchen auf einem Teller anrichten.

### TIPPS:

Statt Sojasauce können Sie natürlich auch Salz verwenden.
Zum Mitnehmen Salat, Dressing und Omelett-Röllchen separat verpacken. Die Omelett-Röllchen mit Holzspießen feststecken.

NEUE SALATE

# COUSCOUS-LINSEN-SALAT

⏱ Zubereitungszeit: 20 Minuten, ohne Durchziehzeit
✚ Vegan

### ZUTATEN FÜR 4 PORTIONEN

250 g Couscous
Gemüsebrühe
200 g rote Linsen
2 Zwiebeln
1 Knoblauchzehe
2 gelbe Paprikaschoten
1 große Salatgurke
2 Fleischtomaten

### FÜR DIE SALATSAUCE:

Saft von 1 Zitrone
2–3 EL Olivenöl
Salz, gem. Pfeffer
½ TL Chilipulver
Zucker

½ Bund Petersilie

### PRO PORTION:

E: 23 g, F: 10 g, Kh: 81 g, kcal: 514

1. Couscous nach Packungsanleitung mit der Gemüsebrühe (die auf der Packung angegebene Flüssigkeitsmenge verwenden) zubereiten. Couscous erkalten lassen.

2. In der Zwischenzeit die Linsen nach Packungsanleitung in reichlich Wasser in etwa 10 Minuten bissfest garen. Die gegarten Linsen in ein Sieb geben, mit kaltem Wasser abschrecken, abtropfen, abkühlen lassen und beiseitestellen.

3. In der Zwischenzeit Zwiebeln und Knoblauch abziehen, beides fein würfeln. Paprikaschoten halbieren, entstielen, entkernen und die weißen Scheidewände entfernen. Schoten abspülen, abtropfen lassen und in kleine Würfel schneiden. Die Salatgurke abspülen, abtrocknen und die Enden abschneiden. Die Gurke längs halbieren, entkernen und in schmale Streifen schneiden.

4. Tomaten kreuzweise einschneiden und mit kochendem Wasser übergießen. Nach 1–2 Minuten herausnehmen und mit kaltem Wasser abschrecken. Tomaten häuten, halbieren und die Stängelansätze herausschneiden. Tomaten in kleine Stücke schneiden.

5. Den Couscous in eine Salatschüssel geben und mit 2 Gabeln etwas auflockern. Zwiebel-, Knoblauch- und Paprikawürfel sowie Gurkenstreifen und Tomatenstücke unter den Couscous heben.

6. Für die Sauce Zitronensaft mit Olivenöl verschlagen, mit Salz, Pfeffer, Chili und Zucker würzen. Die Sauce zu der Couscous-Gemüse-Mischung geben und gut untermischen. Zuletzt die Linsen vorsichtig unterheben. Den Couscous-Linsen-Salat zugedeckt mindestens 1 Stunde durchziehen lassen.

7. Petersilie abspülen, trocken tupfen und die Blättchen von den Stängeln zupfen. Blättchen klein schneiden und vor dem Servieren unter den Salat geben. Den Salat nochmals durchmischen, abschmecken und servieren.

# COUSCOUS-SALAT AUS DEM SCHÜTTELBECHER

- Zubereitungszeit: 30 Minuten, ohne Abkühlzeit
+ Vegetarisch

### ZUTATEN FÜR 2 PORTIONEN

1 Tasse Instant-Couscous
   (100 g, Tasseninhalt 150 ml)
2 Stängel Minze
300 g Joghurt (2 Becher, 3,5 % Fett)
Salz
1–2 TL Zitronensaft
2 mittelgroße Tomaten
1 gelbe Paprikaschote
1 Bund glatte Petersilie

### ZUSÄTZLICH:

1 hohes, verschließbares, becherartiges Gefäß
   (Schüttelbecher, mind. 1,2 l Inhalt)

### PRO PORTION:

E: 14 g, F: 7 g, Kh: 48 g, kcal: 316

---

**1.** Couscous nach Packungsanleitung zubereiten und erkalten lassen. Couscous mit einer Gabel auflockern.

**2.** Minze abspülen, trocken tupfen und die Blättchen abzupfen. Blättchen fein schneiden. Die Minze unter den Joghurt rühren. Den Minzejoghurt mit Salz und Zitronensaft würzen.

**3.** Tomaten abspülen, abtrocknen, halbieren und die Stängelansätze herausschneiden. Tomaten in Würfel schneiden. Paprikaschote halbieren, entstielen, entkernen und die weißen Scheidewände entfernen. Schote abspülen, abtropfen lassen und fein würfeln. Petersilie abspülen, trocken tupfen und die Blättchen von den Stängeln zupfen. Die Petersilienblättchen in grobe Streifen schneiden.

**4.** Den Schüttelbecher mit kaltem Wasser ausspülen. Dann in folgender Reihenfolge die vorbereiteten Zutaten einfüllen: zuerst den Minzejoghurt, dann den Couscous, darauf die Tomaten- und Paprikawürfel und zum Schluss die Petersilie. Den Schüttelbecher mit dem passenden Deckel verschließen.

**5.** Den Couscous-Salat erst direkt vor dem Verzehr kräftig schütteln! So bleibt alles schön frisch und ist im Kühlschrank etwa 2 Tage haltbar.

### TIPPS:

Der Salat lässt sich gut zu Hause vorbereiten, mitnehmen und ist dann geschüttelt ruck, zuck servierbereit.
Wenn Sie den Couscous-Salat zu Hause vorbereiten oder Sie auch unterwegs Sambal Oelek und gemahlenen Kreuzkümmel zur Verfügung haben, dann würzen Sie den Minzejoghurt doch zusätzlich mit 1 gestrichenen Teelöffel Sambal Oelek und 1 Prise gemahlenem Kreuzkümmel.
Übrigens: Für die Zubereitung von Instant-Couscous oder z. B. auch asiatische Instant-Mie-Nudeln benötigen Sie keinen Herd – perfekt für die Camping-Küche oder fürs Büro!

## COUSCOUS-SALAT MIT GRÜNEM UND WEISSEM SPARGEL, MINZE UND EI

⏱ Zubereitungszeit: 35 Minuten
➕ Vegetarisch

### ZUTATEN FÜR 4 PORTIONEN

2 hart gekochte Eier
500 g weißer Spargel
500 g grüner Spargel
2 Schalotten
200 g Cocktailtomaten
60 g junger Blattspinat
2 EL Butter
150 ml Gemüsebrühe
Salz
gem. Pfeffer

150 g Couscous
1 Bio-Zitrone (unbehandelt, ungewachst)
1 Bund Minze
3 EL Olivenöl

### PRO PORTION:

E: 13 g, F: 19 g, Kh: 36 g, kcal: 370

**1.** Die Eier pellen und evtl. mit einem Eierschneider achteln.

**2.** Den weißen Spargel von oben nach unten schälen. Darauf achten, dass die Schalen vollständig entfernt, die Köpfe aber nicht verletzt werden. Die unteren Enden abschneiden (holzige Stellen vollkommen entfernen). Den Spargel abspülen, abtropfen lassen, schräg in mundgerechte Stücke schneiden. Von dem grünen Spargel nur das untere Drittel schälen und die Enden abschneiden. Spargel abspülen, abtropfen lassen und ebenfalls schräg in mundgerechte Stücke schneiden.

**3.** Die Schalotten abziehen, zuerst in Scheiben schneiden, dann in Ringe teilen. Die Cocktailtomaten abspülen, trocken tupfen und die Stängelansätze herausschneiden. Den Blattspinat verlesen und die dicken Stiele entfernen. Spinat gründlich waschen und abtropfen lassen.

**4.** Butter in einem Topf zerlassen. Schalottenringe darin andünsten. Weiße Spargelstücke hinzugeben, Brühe hinzugießen, mit Salz und Pfeffer würzen. Die weißen Spargelstücke etwa 5 Minuten bei mittlerer Hitze unter Rühren dünsten. Die grünen Spargelstücke hinzugeben, weitere etwa 5 Minuten mitdünsten lassen. Die Cocktailtomaten zu den Spargelstücken geben und kurz mit andünsten.

**5.** In der Zwischenzeit Couscous nach Packungsanleitung zubereiten. Die Zitrone heiß abwaschen, abtrocknen und die Schale fein abreiben. Zitrone halbieren und den Saft auspressen. Minze abspülen, trocken tupfen und die Blättchen von den Stängeln zupfen, Blättchen klein schneiden.

**6.** Den gegarten Couscous mit einer Gabel auflockern und vorsichtig unter das Gemüse heben. Mit Olivenöl, Zitronenschale, -saft, Minze, Salz und Pfeffer abschmecken.

**7.** Couscous in Schalen oder auf einer großen Platte anrichten, mit Eierspalten und Spinat garnieren.

VON A–Z

NEUE SALATE

## COUSCOUS-SALAT MIT STAUDENSELLERIE

- Zubereitungszeit: 25 Minuten, ohne Abkühl- und Durchziehzeit
- Vegan

**ZUTATEN FÜR 4 PORTIONEN**

200 g Couscous (Instant)
etwa 800 ml vegane Gemüsebrühe
350 g Staudensellerie
250 g Cocktailtomaten
4 mittelgroße Möhren (etwa 400 g)
1 Knoblauchzehe
1 rote Zwiebel (etwa 65 g)
2 Bio-Limetten (unbehandelt, ungewachst)
3 EL Olivenöl
Salz
gem. Pfeffer
Cayennepfeffer
1 Bund Schnittlauch

**PRO PORTION:**

E: 9 g, F: 8 g, Kh: 48 g, kcal: 305

1. Couscous mit der Gemüsebrühe nach Packungsanleitung zubereiten. Den gegarten Couscous in eine Salatschüssel geben und zum Abkühlen beiseitestellen.

2. In der Zwischenzeit Staudensellerie putzen, abspülen und abtropfen lassen. Selleriestangen in dünne Scheiben schneiden.

3. Die Cocktailtomaten abspülen, abtrocknen, vierteln und die Stängelansätze herausschneiden. Die Möhren putzen, schälen, abspülen und abtropfen lassen. Die Möhren grob raspeln. Knoblauch abziehen und durch eine Knoblauchpresse drücken oder sehr fein würfeln. Die Zwiebel abziehen und ebenfalls in feine Würfel schneiden.

4. Den beiseitegestellten Couscous mit 2 Gabeln etwas auflockern. 1 Limette heiß abwaschen, abtrocknen und die Schale fein abreiben. Beide Limetten halbieren und den Saft auspressen.

5. Etwa 1 Teelöffel abgeriebene Limettenschale und 3–4 Esslöffel Limettensaft zum Couscous geben und mit 2 Gabeln locker verrühren.

6. Die Selleriescheiben, Tomatenviertel, Möhrenraspel, Knoblauch- und Zwiebelwürfel zum Couscous in die Schüssel geben und unterheben.

7. Für die Salatsauce 3 Esslöffel Limettensaft mit dem Olivenöl verschlagen, mit Salz, Pfeffer und Cayennepfeffer würzen. Die Sauce mit den Salatzutaten vermengen und zugedeckt im Kühlschrank etwa 30 Minuten durchziehen lassen.

8. Schnittlauch abspülen, trocken tupfen, in feine Röllchen schneiden und unter den Salat mischen. Den Salat nochmals mit Limettenschale, -saft und Gewürzen abschmecken und servieren.

# COUSCOUS-SALAT, VEGAN

🕐 Zubereitungszeit: 25 Minuten, ohne Durchziehzeit
✚ Vegan – laktosefrei

### ZUTATEN FÜR 2 PORTIONEN

4 geh. EL Couscous (etwa 60 g)
2 große Tomaten
½ Salatgurke (etwa 200 g)
2 Schalotten oder 1 Zwiebel
1 Bio-Zitrone (unbehandelt, ungewachst)
Salz
gem. Pfeffer
2–3 Stängel glatte Petersilie
1–2 Stängel Minze

### ZUSÄTZLICH:

2 große Kopfsalatblätter

### PRO PORTION:

E: 5 g, F: 1 g, Kh: 26 g, kcal: 140

1. Couscous in einem Topf nach Packungsanleitung zubereiten.

2. In der Zwischenzeit die Tomaten abspülen, abtrocknen, halbieren und die Stängelansätze herausschneiden. Die Tomaten fein würfeln.

3. Gurke evtl. schälen und das Ende abschneiden. Die Gurke längs halbieren und in kleine Würfel schneiden.

4. Schalotten oder Zwiebel abziehen und sehr klein würfeln. Tomaten-, Gurken- und Schalotten- oder Zwiebelwürfel in eine Schüssel geben.

5. Den gequollenen Couscous mit 2 Gabeln auflockern und zu dem gewürfelten Gemüse in die Schüssel geben. Zitrone heiß abwaschen, abtrocknen und etwa 1 Teelöffel Zitronenschale fein abreiben. Die Zitrone halbieren und den Saft auspressen. Zitronenschale mit Zitronensaft zum Couscous geben. Die Zutaten mit Salz und Pfeffer würzen und gut vermischen. Den Salat zugedeckt etwa 2 Stunden in den Kühlschrank stellen.

6. Petersilie und Minze abspülen, trocken tupfen und die Blättchen von den Stängeln zupfen. Die Blättchen klein schneiden. Petersilie und Minze unter den Couscous-Salat geben. Den Salat nochmals mit Salz und Pfeffer abschmecken. Den Couscous-Salat auf abgespülten, trocken getupften Kopfsalatblättern anrichten.

### TIPPS:

Sie können anstelle von Couscous auch Bulgur verwenden.
Couscous kann mit Wasser oder Gemüsebrühe zubereitet werden. Durch Gemüsebrühe schmeckt der Couscous etwas würziger.
Die restliche Gurkenhälfte als Rohkost knabbern.

# FELDSALAT MIT GESCHMORTEN WURZELN

🕐 Zubereitungszeit: 35 Minuten
Garzeit: etwa 40 Minuten
➕ Vegetarisch

### ZUTATEN FÜR 4 PORTIONEN

**FÜR DIE GESCHMORTEN WURZELN:**

600 g Rote Bete
Salz
400 g große Möhren
400 g Pastinaken
25 g Walnusskernhälften

**FÜR DIE MALZBIER-HONIG-VINAIGRETTE:**

100 ml Malzbier
4 EL flüssiger Akazienhonig
8 EL Himbeeressig
1 EL Thymianblättchen
3 EL Walnussöl
gem. Pfeffer

100 g Feldsalat

**PRO PORTION:**

E: 5 g, F: 13 g, Kh: 43 g, kcal: 316

1. Den Backofen vorheizen.
Ober-/Unterhitze: etwa 200 °C
Heißluft: etwa 180 °C

2. Für die Wurzeln Rote Bete schälen, halbieren und in etwa 2 cm breite Spalten schneiden. Rote-Bete-Spalten mit Salz mischen, dann auf einem Backblech (mit Backpapier belegt) so verteilen, dass noch etwa zwei Drittel des Backblechs frei bleiben.

3. Das Backblech in den vorgeheizten Backofen schieben. Die Rote-Bete-Spalten **etwa 10 Minuten garen.**

4. In der Zwischenzeit Möhren und Pastinaken putzen, schälen, abspülen und abtropfen lassen. Möhren und Pastinaken der Länge nach vierteln. Möhren- und Pastinakenviertel mit Salz mischen, nach den 10 Minuten Garzeit zu den Rote-Bete-Spalten auf die freie Fläche des Backblechs geben. Das Gemüse im heißen Backofen weitere etwa 30 Minuten garen. Dabei nach etwa 15 Minuten Garzeit das Gemüse einmal wenden. Die Walnusskernhälften vierteln und etwa 10 Minuten vor Garzeitende auf das Gemüse streuen.

5. In der Zwischenzeit für die Vinaigrette Malzbier mit flüssigem Honig, Himbeeressig und Thymian mischen. Das Walnussöl unterschlagen. Vinaigrette mit Salz und Pfeffer würzen.

6. Feldsalat verlesen, Wurzelansätze abschneiden. Feldsalat gründlich waschen und gut abtropfen lassen oder trocken schleudern.

7. Nach Garzeitende das Backblech auf einen Küchenrost stellen. Die Hälfte der Vinaigrette sofort auf das heiße Gemüse geben und vorsichtig untermischen. Das Gemüse auf Tellern anrichten. Feldsalat mit der restlichen Vinaigrette mischen und ebenfalls auf den Tellern anrichten. Den Salat sofort servieren.

**TIPPS:**

Rote Bete ist ein typisch deutsches Wintergemüse. Die Knolle ist kalorienarm und sehr gesund, zum Beispiel stecken Eiweiß, Vitamin C, Kalium, Zink und Ballaststoffe in der Rübe.
Da frische Rote Bete stark färbt, empfiehlt es sich, beim Schälen und Schneiden Haushaltshandschuhe zu tragen.

NEUE SALATE

# FELDSALAT MIT ORANGEN-SPECK-DRESSING

⏱ Zubereitungszeit: 20 Minuten, ohne Quellzeit

## ZUTATEN FÜR 2 PORTIONEN

1 ½ EL Sonnenblumenöl
4 Scheiben Bacon (Frühstücksspeck in feinen Scheiben; aus dem Kühlregal)

50 g Weizenmehl
1 gestr. TL Backpulver
100 g feines Maismehl
120 ml Buttermilch
1 Ei (Größe M)
Salz
gem. Pfeffer
etwas Tabasco
80 g abgetropfter Gemüsemais (aus der Dose)

4 EL Orangensaft, z. B. Direktsaft (aus dem Kühlregal)
½ TL milder Senf
2 EL Olivenöl

2 EL Röstzwiebeln (aus der Packung)
75–100 g Feldsalat (aus der Salattheke oder Frischepack/Beutel)

## PRO PORTION:

E: 18 g, F: 36 g, Kh: 66 g, kcal: 678

**1.** Einen Teelöffel Sonnenblumenöl in einer beschichteten Pfanne erhitzen. Baconscheiben hineinlegen und von beiden Seiten knusprig braten.

**2.** In der Zwischenzeit Mehl, Backpulver und Maismehl mischen. Buttermilch und Ei in einem hohen Mixbecher verquirlen. Mehlmischung, ½ Teelöffel Salz, etwas Pfeffer und Tabasco zugeben. Maiskörner zugeben. Alles mit dem Pürierstab kurz durchmixen, bis alles gut gemischt ist. Kurz quellen lassen.

**3.** Baconscheiben auf Küchenpapier abtropfen lassen. Bratfett in der Pfanne mit Orangensaft ablöschen. Salz, Pfeffer, Senf und Öl unterschlagen. Dressing in eine Salatschüssel geben. Pfanne mit Küchenpapier auswischen.

**4.** Zwiebeln unter den Hushpuppie-Teig rühren. Restliches Sonnenblumenöl in der Pfanne erhitzen. Den Teig esslöffelweise ins heiße Fett geben, daraus goldbraune Puffer (Hushpuppies) backen.

**5.** Feldsalat verlesen. Wurzelansätze abschneiden. Feldsalat gründlich waschen und trocken schleudern. Salat und Dressing mischen. Baconscheiben zerbröseln und darüberstreuen. Salat auf Tellern anrichten. Hushpuppies direkt aus der Pfanne dazu servieren.

## TIPPS:

Noch schneller, und ebenso schön würzig schmeckt's, wenn Sie das Dressing ohne gebratenen Speck anrühren. Dafür magere Schinkenwürfel (Kühltheke) über den marinierten Salat streuen.
Reicht für 2 Personen zum Sattessen und für 3–4 Personen als Snack.

# FENCHEL-COLESLAW MIT TATAR-FRIKADELLEN

- Zubereitungszeit: 20 Minuten, ohne Durchziehzeit
  Bratzeit: 6–8 Minuten

**ZUTATEN FÜR 1 PORTION**

**FÜR DEN COLESLAW:**

1 kleine Fenchelknolle (etwa 175 g)
1 Stück junger Weißkohl (etwa 200 g)
Salz
gem. Pfeffer
2 EL Apfelessig

**FÜR DIE TATAR-FRIKADELLEN:**

75 g Rindertatar
1½ EL zarte Haferflocken (12 g)
½ TL milder Senf
30 g Magerquark
1 EL gehackte Petersilie (frisch oder TK)

½ rosa Grapefruit (etwa 125 g)
1 TL Speiseöl (4 ml)
1 EL Crème légère (25 g)
evtl. 1 Prise Chilipulver

**PRO PORTION:**

E: 29 g, F: 13 g, Kh: 31 g, kcal: 375

1. Für den Coleslaw Fenchelknolle abspülen, abtropfen lassen und halbieren. Weißkohl putzen und den Strunk herausschneiden. Fenchel und Weißkohl auf einer Küchenreibe fein hobeln und in eine große Schüssel geben. ½ Teelöffel Salz sowie Pfeffer und Essig hinzugeben und gut durchkneten. Den Salat zugedeckt durchziehen lassen.

2. Für die Frikadellen in der Zwischenzeit Rindertatar in eine Schüssel geben. Haferflocken, Senf, Quark, Salz, Pfeffer und gehackte Petersilie hinzugeben. Die Zutaten zu einem glatten Fleischteig verkneten. Aus dem Fleischteig mit leicht angefeuchteten Händen 2 gleich große Frikadellen formen.

3. Die Grapefruit so schälen, dass die weiße Haut vollständig entfernt wird. Die Filets zwischen den Trennhäuten herausschneiden. Trennhäute ausdrücken und den Saft auffangen. Grapefruitfilets und -saft unter den Salat mischen, nochmals mit den Gewürzen abschmecken.

4. Speiseöl in einer kleinen beschichteten Pfanne erhitzen. Die Frikadellen darin von beiden Seiten 3–4 Minuten braun braten.

5. Crème légère unter den Fenchel-Coleslaw mischen. Den Salat mit Salz und nach Belieben mit Chili abschmecken und zu den Frikadellen servieren.

**TIPPS:**

Dieses Gericht ist perfekt zum Vorbereiten und Mitnehmen geeignet. Die Tatar-Frikadellen können kalt gegessen werden und auch der Salat übersteht eine längere, ungekühlte Transportzeit unbeschadet.
Statt Grapefruit können auch einfach Orangenfilets von 1 Orange (etwa 145 g) unter den Salat gemischt werden.

# F

NEUE SALATE

# FENCHEL-RUCOLA-SALAT MIT BRATWURSTKLÖSSCHEN

⏲ Zubereitungszeit: 30 Minuten

## ZUTATEN FÜR 4 PORTIONEN

2 mittelgroße Fenchelknollen (je etwa 200 g)
Salz
gem. Pfeffer
4 EL Zitronensaft
knapp 2 TL milder, flüssiger Honig
5 EL Olivenöl

**FÜR DIE BRATWURSTKLÖSSCHEN:**

400 g Salsicce (rohe italienische Bratwurst mit Fenchelsamen gewürzt; alternativ klassische grobe Bratwurst und 1 TL getrocknete Fenchelsamen verwenden)
1 Gemüsezwiebel
2 Knoblauchzehen
1 kleiner Zweig frischer Rosmarin oder 1 TL getrocknete Rosmarinnadeln
1 große Fleischtomate

etwa 200 g Rucola (Rauke)
1 TL mittelscharfer Senf

**PRO PORTION:**

E: 16 g, F: 40 g, Kh: 10 g, kcal: 472

**1.** Fenchel putzen, das zarte Grün beiseitelegen. Die Knollen halbieren, die harten Mittelstücke herausschneiden. Fenchel auf einer stabilen Küchenreibe sehr fein hobeln. Mit etwas Salz, Pfeffer, 1 Esslöffel Zitronensaft, 1 gestrichenen Teelöffel Honig und 1 Esslöffel Öl gründlich mischen, ziehen lassen.

**2.** Für die Bratwurstklößchen inzwischen das Wurstbrät aus den Hüllen drücken, zu kleinen Bällchen formen. In einer beschichteten Pfanne unter Wenden 3–5 Minuten rundherum knusprig braun braten. Zwiebel und Knoblauch abziehen, in feine Spalten schneiden. Rosmarin abspülen, trocken schütteln. Tomate waschen, den grünen Stängelansatz herausschneiden. Tomate in Würfel schneiden.

**3.** Brätbällchen aus der Pfanne nehmen. Zwiebel- und Knoblauchstückchen im Bratfett unter Wenden glasig dünsten. Rosmarin, Tomatenstücke und auch Brätbällchen zugeben. Offen unter Wenden 1-2 Minuten kurz schmoren. Mit Pfeffer und evtl. noch etwas Salz (Achtung, die Wurst kann bereits sehr würzig sein!) abschmecken.

**4.** Rucola verlesen, grobe Stiele abschneiden. Rucola abspülen, trocken schleudern und evtl. noch etwas feiner zupfen.

**5.** Für das Dressing restlichen Honig, Senf, restlichen Zitronensaft, Salz und Pfeffer verquirlen. Restliches Öl mit einer Gabel oder einem kleinen Schneebesen unterquirlen.

**6.** Fenchelgrün abspülen, trocken schleudern und fein hacken. Unter die marinierten Fenchelstreifen mischen und abschmecken. Rucola, Fenchel und geschmorten Bratwurst-Mix auf Tellern anrichten. Das Dressing darüberträufeln und den Salat servieren.

# GEFLÜGELSALAT

🕐 Zubereitungszeit: 30 Minuten, ohne Abkühl- und Durchziehzeit

**ZUTATEN FÜR 6 PORTIONEN**

125 g Zartweizen
500 g gebratenes oder gekochtes Geflügelfleisch, z. B. Hähnchenbrustfilet
je 100 g grüne und blaue kernlose Weintrauben
4 Stängel Estragon
½ rote Chilischote

**FÜR DIE SAUCE:**

2 Knoblauchzehen
2 EL Kräuteressig
1 EL flüssiger Honig
150 g Crème fraîche
2 EL Apfelsaft
1 EL mittelscharfer Senf
6 EL Olivenöl
Salz
gem. Pfeffer

**PRO PORTION:**

E: 23 g, F: 19 g, Kh: 25 g, kcal: 359

**1.** Zartweizen nach Packungsanleitung garen und erkalten lassen.

**2.** In der Zwischenzeit das Geflügelfleisch in Streifen schneiden. Weintrauben abspülen, abtropfen lassen, entstielen und halbieren.

**3.** Estragon abspülen, trocken tupfen und die Blättchen von den Stängeln zupfen, Blättchen grob zerschneiden.

**4.** Chilischotenhälfte entkernen und die weißen Scheidewände entfernen. Schotenhälfte abspülen, abtropfen lassen und fein hacken.

**5.** Für die Sauce Knoblauch abziehen und grob zerschneiden. Essig mit Honig, Crème fraîche, Apfelsaft, Senf und Knoblauch pürieren. Nach und nach Olivenöl unterschlagen. Sauce mit Salz und Pfeffer abschmecken.

**6.** Geflügelstreifen mit der Sauce, Chili und Zartweizen in einer Schüssel vermengen. Weintrauben und Estragon vorsichtig unterheben. Den Salat zugedeckt im Kühlschrank etwa 30 Minuten durchziehen lassen.

**TIPP:**

Statt Zartweizen können Sie auch Reis verwenden oder statt der Weintrauben 100 g gekochten Spargel.

**REZEPTVARIANTEN:**

**Geflügelsalat mit Erbsen**
Die Weintrauben durch 200 g TK-Erbsen ersetzen. Die gefrorenen Erbsen in etwas kochendem Salzwasser 3–5 Minuten garen, mit kaltem Wasser abschrecken, abtropfen lassen. Erbsen unter den Salat heben.

**Geflügelsalat mit geräucherter Hähnchenbrust**
Das gebratene Geflügelfleisch durch in Streifen geschnittenes, geräuchertes Hähnchenbrust-oder Putenbrustfilet ersetzen.

# GEMÜSE-APFEL-SALAT, GEGRILLT

🕐 Zubereitungszeit: 40 Minuten
✚ Vegan

### ZUTATEN FÜR 4 PORTIONEN

**FÜR DEN GEMÜSE-APFEL-SALAT:**

2 Bund Frühlingszwiebeln
2 Zucchini (je etwa 250 g)
3 Äpfel, z. B. Cox Orange
40 ml Olivenöl

**FÜR DIE ZITRONEN-SOJA-VINAIGRETTE:**

3 EL Zitronensaft
6 EL Sojasauce
gem. Pfeffer
2–3 EL Olivenöl
2 Stängel Thymian

1 Kästchen Gartenkresse

**ZUSÄTZLICH:**

1 Grillschale

**PRO PORTION:**

E: 5 g, F: 17 g, Kh: 25 g, kcal: 277

---

**1.** Für den Salat Frühlingszwiebeln putzen. Dickere Zwiebeln der Länge nach halbieren. Anschließend die Frühlingszwiebeln abspülen und abtropfen lassen.

**2.** Zucchini abspülen, abtrocknen und die Enden abschneiden. Zucchini in etwa ½ cm dicke Scheiben schneiden. Die Äpfel abspülen, abtrocknen, vierteln und die Kerngehäuse entfernen. Apfelviertel in Spalten schneiden.

**3.** Frühlingszwiebeln, Zucchinischeiben und Apfelspalten in eine Schüssel geben. Die Zutaten mit dem Olivenöl vermischen.

**4.** Für die Vinaigrette Zitronensaft mit Sojasauce verrühren, mit Pfeffer würzen. Das Olivenöl unterschlagen. Thymian abspülen, trocken tupfen und die Blättchen von den Stängeln zupfen. Thymianblättchen unter die Vinaigrette rühren.

**5.** Das vorbereitete Gemüse und die Apfelspalten gleichmäßig in der Grillschale verteilen. Die Grillschale auf den heißen Grillrost stellen. Das Gemüse und die Apfelspalten etwa 12 Minuten grillen, dabei die Gemüse-Apfel-Mischung einmal wenden.

**6.** Kresse abspülen, trocken tupfen und vom Beet schneiden. Das gegrillte Gemüse und die Apfelspalten in eine Schale oder auf eine Platte geben und mit Kresse bestreuen. Die Zitronen-Soja-Vinaigrette dazu servieren.

**TIPPS:**

Verfeinern Sie die Vinaigrette mit 1 Esslöffel Sojacreme.
Wenn Sie sich vegan ernähren, achten Sie darauf, dass Sie Sojasauce verwenden, die aus rein pflanzlichen Zutaten hergestellt wurde.
Die Zitronen-Soja-Vinaigrette schmeckt auch zu anderem gegrilltem Gemüse.

# GEMÜSE-LINSEN-SALAT MIT SENFDRESSING

- ⏱ Zubereitungszeit: 30 Minuten, ohne Abkühl- und Durchziehzeit
  Garzeit: 35–45 Minuten
- ➕ Vegetarisch

## ZUTATEN FÜR 4 PORTIONEN

**FÜR DEN SALAT:**

350 g Tellerlinsen
1 l Gemüsebrühe
1 Gemüsezwiebel
1 Bund Suppengrün (Möhren, Lauch, Sellerie)

**FÜR DAS DRESSING:**

1 geh. EL Salatmayonnaise
2 geh. EL mittelscharfer Senf
50 ml Speiseöl, z. B. Sonnenblumenöl
75 ml Gemüsebrühe (von der Kochflüssigkeit)
½ TL Zucker
Salz, gem. Pfeffer
40 ml Weißweinessig

1 Kästchen Kresse

**PRO PORTION:**

E: 23 g, F: 20 g, Kh: 43 g, kcal: 446

1. Für den Salat Linsen abspülen, abtropfen lassen und mit der Brühe in einem großen Topf zum Kochen bringen. Die Linsen 35–45 Minuten garen (dabei die Packungsanleitung beachten, die Linsen sollten noch etwas Biss haben).

2. In der Zwischenzeit die Gemüsezwiebel abziehen, halbieren und fein würfeln. Das Suppengrün putzen, abspülen, abtropfen lassen und in feine Würfel oder Streifen schneiden.

3. Zwiebelwürfel und Gemüsewürfel oder -streifen etwa 10 Minuten vor Ende der Garzeit zu den Linsen geben und mitkochen lassen.

4. Linsen und Gemüse in ein Sieb geben, dabei die Gemüsebrühe auffangen und 75 ml abmessen. Das Linsengemüse unter fließendem kalten Wasser abschrecken und gut abtropfen lassen. Das Linsengemüse in eine Schüssel geben und erkalten lassen.

5. Für das Dressing die Mayonnaise mit Senf verrühren. Speiseöl nach und nach unterschlagen. Abgemessene Gemüsebrühe unterrühren. Das Dressing mit Zucker, Salz, Pfeffer und Essig würzen, zum Linsengemüse geben und untermischen. Den Salat zugedeckt mindestens 1 Stunde im Kühlschrank durchziehen lassen.

6. Kresse abspülen, trocken tupfen und mit einer Küchenschere abschneiden. Die Hälfte der Kresse unter den Salat geben. Den Linsensalat nochmals abschmecken, in Schalen anrichten und mit der restlichen Kresse garniert servieren.

**TIPP:**

Der Salat schmeckt gut durchgezogen am besten. Deshalb eignet sich dieser Salat besonders zur Zubereitung am Vortag.

# GEMÜSESALAT IM REISBLATT MIT ERDNUSS-SAUCE

⏱ Zubereitungszeit: 60 Minuten
✚ Vegan

**ZUTATEN FÜR 4 PORTIONEN**

4 dünne Frühlingszwiebeln (etwa 50 g)
etwa 150 g Möhren
2 Stangen Staudensellerie
100 g Sojasprossen
1 kleine Salatgurke (etwa 100 g)
1 Bund Koriander
1 Bund Minze
12 Blatt getrocknetes Reispapier
 (16 cm, erhältlich im Asialaden)

100 g geschälte, ungesalzene Erdnusskerne
1 kleine Chilischote
1 Knoblauchzehe
200 ml Kokosmilch
Salz
1 EL brauner Zucker
2 EL Sojasauce
Saft von 2 Limetten

**PRO PORTION:**

E: 12 g, F: 21 g, Kh: 27 g, kcal: 348

---

**1.** Die Frühlingszwiebeln putzen, abspülen, abtropfen lassen und in etwa 5 cm lange, sehr dünne Streifen schneiden. Die Möhren putzen, schälen, abspülen, abtropfen lassen und ebenfalls in sehr dünne Streifen schneiden. Staudensellerie putzen, abspülen, abtropfen lassen und in sehr schmale Streifen schneiden. Sojasprossen putzen, abspülen und abtropfen lassen.

**2.** Die Gurke abspülen, abtrocknen und die Enden abschneiden. Gurke längs halbieren und die Kerne mit einem Löffel herausschaben. Gurkenhälften in dünne Streifen schneiden.

**3.** Koriander und Minze abspülen, trocken tupfen und die Blättchen von den Stängeln zupfen.

**4.** Reispapierblätter einzeln 1–2 Minuten in nasse Geschirrtücher eingeschlagen, Reispapierblätter weich werden lassen. Zuerst einige Kräuterblättchen in die Mitte der Reispapierblätter geben, dann jeweils 1 Esslöffel der Gemüsestreifen daraufgeben. Die Seiten einschlagen. Die belegten Reispapierblätter vorsichtig aufrollen (wie eine Roulade) und mit der Öffnung nach unten auf eine Platte legen.

**5.** Die Erdnusskerne in einer Pfanne ohne Fett unter Rühren hellbraun rösten und auf einen Teller geben. Chilischote abspülen, trocken tupfen, entstielen und in Ringe schneiden. Den Knoblauch abziehen und durch eine Knoblauchpresse drücken. Erdnusskerne, Chiliringe und Knoblauch in einer Küchenmaschine zu einer glatten Paste verarbeiten.

**6.** Die Erdnusspaste mit der Kokosmilch in einem Topf verrühren und unter Rühren aufkochen lassen. Die Erdnuss-Sauce mit Salz, braunem Zucker, Sojasauce und Limettensaft abschmecken.

**7.** Die Gemüsestreifen mit der Sauce servieren.

# GLASNUDELSALAT MIT FRÜHLINGSROLLEN

● Zubereitungszeit: 40 Minuten
+ Vegetarisch

## ZUTATEN FÜR 4 PORTIONEN

100 g Zuckerschoten
Salz
1 dicke Möhre (etwa 125 g)
100 g Rotkohl
1 Bund Frühlingszwiebeln

### FÜR DIE SALATSAUCE:

etwa 30 g frischer Ingwer
1 Bio-Limette (unbehandelt, ungewachst)
1 rote Chilischote
2 EL Sojasauce
1–2 EL brauner Zucker
2 EL Sesamöl

100 g Glasnudeln
1 l Speiseöl zum Ausbacken, z. B. Erdnussöl
10 vegetarische Mini-TK-Frühlingsrollen (600 g)
1–2 Stängel Minze
½ Bund glatte Petersilie

### PRO PORTION:

E: 4 g, F: 10 g, Kh: 48 g, kcal: 303

1. Von den Zuckerschoten die Enden abschneiden, evtl. abfädeln. Zuckerschoten abspülen, abtropfen lassen und in kochendem Salzwasser kurz blanchieren. Zuckerschoten mit einer Schaumkelle herausnehmen, mit kaltem Wasser abschrecken und abtropfen lassen.

2. Die Möhre putzen, schälen, abspülen und abtropfen lassen. Rotkohl putzen, abspülen, abtropfen lassen und den Strunk herausschneiden. Zuckerschoten, Möhren und Rotkohl in feine Streifen schneiden bzw. hobeln. Die Frühlingszwiebeln putzen, abspülen, abtropfen lassen und in feine Scheiben schneiden.

3. Für die Salatsauce Ingwer schälen und fein reiben. Limette heiß abwaschen, abtrocknen und die Schale fein abreiben. Limette halbieren und den Saft auspressen. Chilischote halbieren, entstielen, entkernen, abspülen, abtropfen lassen und fein hacken.

4. Sojasauce mit Limettensaft, -schale und Ingwer verrühren. Zucker so lange unterrühren, bis er sich gelöst hat. Sesamöl unterschlagen. Sauce evtl. mit etwas Salz würzen. Gemüsestreifen und Frühlingszwiebelscheiben mit der Salatsauce in einer großen Schüssel vermischen. Salat zugedeckt etwas durchziehen lassen.

5. In der Zwischenzeit die Glasnudeln nach Packungsanleitung zubereiten. Dann die Glasnudeln in einem Sieb abtropfen lassen und in mundgerechte Stücke schneiden.

6. Das Speiseöl in einer Fritteuse oder einem Topf auf etwa 175 °C erhitzen, sodass sich um einen in das Fett gehaltenen Holzlöffelstiel Bläschen bilden. Die Frühlingsrollen portionsweise darin rundherum goldbraun backen, mit einem Schaumlöffel herausnehmen und auf Küchenpapier legen, sodass überschüssiges Fett aufgesaugt werden kann.

7. Minze und Petersilie abspülen, trocken tupfen und die Blättchen von den Stängeln zupfen, Blättchen in Streifen schneiden. Glasnudeln und Kräuter zum Gemüse geben und untermischen. Die Frühlingsrollen in Stücke schneiden und auf dem Salat anrichten.

### TIPP:

Salat mit Limettenspalten und Minzestängeln anrichten.

# GLASNUDELSALAT MIT HACK UND LIMETTENSAUCE

- ⏱ Zubereitungszeit: 50 Minuten, ohne Kühlzeit
- ✚ Glutenfrei

### ZUTATEN FÜR 5 PORTIONEN

200 g Glasnudeln
1 rote Chilischote
1 Knoblauchzehe
1 Bund Koriander
400 g Hackfleisch
   (halb Rind-/halb Schweinefleisch)
1 EL Speiseöl
Salz
2 EL salzige dunkle Sojasauce
1 EL Fischsauce (aus dem Glas)
Zucker
200 g Zuckerschoten
1 Bund Frühlingszwiebeln
1 Römersalat

### FÜR DIE LIMETTENMARINADE:

40 ml Limettensaft (von 4 Limetten)
1 rote Chilischote

### PRO PORTION:

E: 18 g, F: 17 g, Kh: 41 g, kcal: 388

**1.** Die Glasnudeln nach Packungsanleitung zubereiten.

**2.** Chilischote abspülen, trocken tupfen und klein schneiden. Knoblauch abziehen und ebenfalls klein schneiden. Koriander abspülen und trocken tupfen. Die Blättchen von den Stängeln zupfen und für die Marinade beiseitelegen. Korianderstängel und evtl. -wurzeln klein hacken.

**3.** Hackfleisch anbraten. Dafür 1 Esslöffel Speiseöl in einer großen Pfanne erhitzen. Hackfleisch hineingeben. 1 große Prise Salz, 1 Esslöffel Sojasauce, Fischsauce, gehackte Chilischoten, Knoblauch und 1 Prise Zucker hinzufügen. Die Zutaten bei starker Hitze unter Rühren kräftig braun anbraten. Dabei die Fleischklümpchen mit einer Gabel zerdrücken. Klein gehackten Koriander unterrühren. Hackfleisch in eine Schüssel geben, abkühlen lassen und kalt stellen.

**4.** Die Glasnudeln in einem Sieb abtropfen lassen und mit einer Küchenschere in etwa 10 cm lange Stücke schneiden. Die Glasnudeln mit Salz und restlicher Sojasauce mischen, abschmecken und zum Hackfleisch in die Schüssel geben.

**5.** Die Zuckerschoten abspülen, abtropfen lassen und in feine Streifen schneiden. Frühlingszwiebeln putzen, waschen, abtropfen lassen und in feine Scheiben schneiden. Zuckerschotenstreifen und Frühlingszwiebelscheiben zu den Glasnudeln geben und vorsichtig unterheben. Salat kalt stellen.

**6.** Den Römersalat putzen, abspülen und gut abtropfen lassen. Die Blätter von dem Salat lösen. Große Blätter in kleine Stücke zupfen. Die Salatblätter auf die vorbereiteten Zutaten in die Schüssel legen und bis zum Servieren kalt stellen.

**7.** Für die Marinade Limetten halbieren, den Saft auspressen, 40 ml abmessen und in eine Schüssel geben. Chilischote abspülen, trocken tupfen und fein hacken. Chili mit ½ Teelöffel Salz und 1 Prise Zucker unter den Limettensaft rühren. Die beiseitegelegten Korianderblätter grob zerzupfen.

**8.** Die Limettenmarinade kurz vor dem Servieren auf dem Salat verteilen und gut untermischen. Den Salat mit Korianderblättchen bestreuen und sofort servieren.

### TIPP:

Statt der Limettenmarinade können Sie Limettenviertel zum Selbstauspressen dazureichen.

# GRIECHISCHER AUBERGINENSALAT

⏱ Zubereitungszeit: 70 Minuten
➕ Vegan

**ZUTATEN FÜR 6 PORTIONEN**

3 Auberginen (etwa 1,25 kg)
Salz

3 Zwiebeln
3 Knoblauchzehen
300 g Frühlingszwiebeln
625 g Tomaten
120 g abgetropfte schwarze Oliven, ohne Stein

etwa 225 ml Olivenöl
3 EL Weißweinessig
gem. Pfeffer
Zucker

**PRO PORTION:**

E: 4 g, F: 40 g, Kh: 13 g, kcal: 430

**1.** Die Auberginen abspülen, abtrocknen und die Stängelansätze abschneiden. Auberginen quer in etwa 1 cm dicke Scheiben schneiden, mit Salz bestreuen und etwa 15 Minuten stehen lassen.

**2.** In der Zwischenzeit Zwiebeln und Knoblauch abziehen, beides fein würfeln. Frühlingszwiebeln putzen, abspülen, abtropfen lassen und in feine Scheiben schneiden.

**3.** Tomaten abspülen, abtrocknen, halbieren und die Stängelansätze herausschneiden. Tomaten in kleine Würfel schneiden. Die Oliven in Stücke schneiden. Zwiebel-, Knoblauchwürfel, Frühlingszwiebelscheiben, Tomatenwürfel und Oliven in einer großen Schüssel vermischen.

**4.** Etwa 100 ml von dem Olivenöl mit dem Essig verrühren, mit Salz, Pfeffer und Zucker würzen. Die Marinade mit den Salatzutaten gut vermischen. Den Salat zugedeckt durchziehen lassen.

**5.** In der Zwischenzeit das restliche Olivenöl in einer großen Pfannen erhitzen. Die Auberginenscheiben mit Küchenpapier trocken tupfen und nebeneinander in der Pfanne von jeder Seite in 3–4 Minuten bei mittlerer bis starker Hitze goldbraun braten. Die gebratenen Auberginenscheiben auf Küchenpapier abtropfen lassen.

**6.** Den Salat nochmals durchmischen und mit den Gewürzen abschmecken. Die Auberginenscheiben leicht überlappend auf 6 Tellern oder einer großen Platte anrichten. Den Salat darauf verteilen.

**BEILAGE:**

Frisches oder gegrilltes Fladenbrot.

**TIPPS:**

Die Auberginen saugen – trotz des Salzens – relativ viel Öl auf. Das Abtropfen auf Küchenpapier verhindert, dass man unnötiges Fett zu sich nimmt.
Die Auberginenscheiben können auch auf dem Grill gegrillt werden. Dazu dann die Auberginenscheiben mit dem Olivenöl einstreichen, bevor sie gegrillt werden.
Den Auberginensalat ziehen zu lassen lohnt sich. Deshalb kann der Salat etwa 2 Stunden fertig zubereitet sein, bevor Sie die Auberginen braten.

## GRIECHISCHER BAUERNSALAT

- Zubereitungszeit: 25 Minuten
- Vegetarisch

### ZUTATEN FÜR 4 PORTIONEN

1 Salatgurke
6 Tomaten
1 rote Paprikaschote
1 kleine Gemüsezwiebel
75 g abgetropfte schwarze Oliven

### FÜR DIE SALATSAUCE:

2–3 EL Weißweinessig
Salz
gem. Pfeffer
1 Prise Zucker
6 EL Olivenöl

200 g abgetropfter Fetakäse
(griechischer Schafskäse)
evtl. 5 Stängel Petersilie oder Basilikum

### PRO PORTION:

E: 11 g, F: 31 g, Kh: 12 g, kcal: 377

**1.** Für den Salat die Gurke schälen und die Enden abschneiden. Die Gurke längs halbieren und mithilfe eines Teelöffels entkernen. Die Gurkenhälften in Scheiben schneiden.

**2.** Die Tomaten abspülen, abtrocknen, vierteln und die Stängelansätze herausschneiden. Die Tomaten in Stücke schneiden. Die Paprikaschote halbieren, entstielen, entkernen und die weißen Scheidewände entfernen. Die Schote abspülen, abtropfen lassen und in kleine Stücke schneiden.

**3.** Die Gemüsezwiebel abziehen, halbieren und in dünne Scheiben schneiden. Die Gurkenscheiben, Tomaten- und Paprikastücke, Zwiebelscheiben und Oliven in einer Schüssel vermischen.

**4.** Für die Sauce Essig mit Salz, Pfeffer und Zucker verrühren. Das Olivenöl unterschlagen. Die Sauce mit den Salatzutaten vermengen.

**5.** Den Fetakäse in kleine Stücke schneiden oder zerbröckeln. Nach Belieben Petersilie oder Basilikum abspülen, trocken tupfen und die Blättchen von den Stängeln zupfen. Blättchen klein schneiden. Den Salat in 4 Portionsschälchen verteilen. Den Fetakäse und die Kräuter darauf verteilen.

### BEILAGE:

Dazu frisch gebackenes Fladenbrot oder gegrillte Fladenbrotscheiben und Zaziki (fertig gekauft oder selbst gemacht) servieren.

# GRIECHISCHER SALAT IM GLAS

⏱ Zubereitungszeit: 50 Minuten
✚ Vegetarisch

**ZUTATEN FÜR 6 PORTIONEN**

250 g Khitaraki (kleine, griechische Nudeln in Reisform)
1 EL Olivenöl
Salz, gem. Pfeffer
18 Cocktailtomaten
½ Bio-Salatgurke
1 gelbe Paprikaschote
½ Bund glatte Petersilie
100 g abgetropfte entsteinte Oliven, in Öl (aus dem Glas)
etwa 50 ml Öl von den Oliven (aus dem Glas)
250 g griechischer Joghurt (10 % Fett)
Saft von ½ Zitrone
1 EL flüssiger Honig
½ Bund Minze

**PRO PORTION:**

E: 7 g, F: 17 g, Kh: 39 g, kcal: 345

**1.** Die Khitaraki nach Packungsanleitung zubereiten, in ein Sieb abgießen, mit kaltem Wasser abspülen und abtropfen lassen. Die Nudeln in eine Schüssel geben, mit Olivenöl vermischen, mit Salz und Pfeffer würzen.

**2.** Tomaten abspülen, abtropfen lassen, halbieren und die Stängelansätze herausschneiden. Die Gurke abspülen, abtropfen lassen und das Ende abschneiden. Gurke fein würfeln.

**3.** Paprikaschote halbieren, entstielen, entkernen und die weißen Scheidewände entfernen. Schote abspülen, abtropfen lassen und ebenfalls würfeln. Die Petersilie abspülen, trocken tupfen und die Blättchen von den Stängeln zupfen.

**4.** Von den abgetropften Oliven das Öl auffangen und etwa 50 ml abmessen. Tomatenhälften, Gurken- und Paprikawürfel, Petersilienblättchen, Oliven und abgemessenes Öl zu den Nudeln in die Schüssel geben und untermischen. Den Salat mit Salz und Pfeffer würzen.

**5.** Joghurt mit Zitronensaft und Honig verrühren, mit Salz würzen. Den Nudelsalat in 6 Gläsern verteilen. Den Joghurt daraufgeben.

**6.** Minze abspülen, trocken tupfen und 6 kleine Spitzen beiseitelegen. Restliche Blättchen von den Stängeln zupfen und fein schneiden. Die klein geschnittene Minze auf den Joghurt geben und den Salat im Glas mit den beiseitegelegten Minzeblättchen garniert servieren.

**TIPP:**

Den Salat können Sie bis einschließlich Punkt 4 am Vortag zubereiten und in der Schüssel zugedeckt in den Kühlschrank stellen. Etwa 30 Minuten vor dem Servieren den Salat aus dem Kühlschrank nehmen. Den Joghurt zubereiten. Dann den Salat nochmals durchmischen, abschmecken und mit dem Joghurt und den Minzeblättchen in den Gläsern anrichten.

# GRÜNKERN-ROSENKOHL-SALAT

⏱ Zubereitungszeit: 25 Minuten,
ohne Durchziehzeit
Garzeit: etwa 30 Minuten
➕ Vegetarisch

**ZUTATEN FÜR 4 PORTIONEN**

200 g Grünkern
1 ½ EL Instant-Gemüsebrühepulver

**FÜR DAS DRESSING:**

1 Schalotte
1 Knoblauchzehe
1 TL körniger Senf
3 EL Orangensaft (frisch gepresst oder Flasche)
1 TL Honig
3 EL mildes Olivenöl
Salz
gem. Pfeffer
evtl. mildes Currypulver

750 g Rosenkohl
2 Zwiebeln
30 g getrocknete Tomatenhälften, in Öl
2–3 EL mild-aromatischer Essig,
    z. B. Himbeer-Essig

**PRO PORTION:**

E: 13 g, F: 11 g, Kh: 47 g, kcal: 369

**1.** Grünkern in kaltem Wasser waschen, in ein Sieb geben, abspülen und abtropfen lassen. Etwa 650 ml Wasser und Brühepulver in einen Topf geben, zugedeckt aufkochen. Grünkern einstreuen, durchrühren. Grünkern bei schwacher Hitze mit halb geöffnetem Deckel 30–40 Minuten köcheln lassen und garen.

**2.** Für das Dressing inzwischen Schalotte und Knoblauch abziehen, sehr fein würfeln. Senf, Orangensaft, Honig und 2 Esslöffel Öl gründlich verquirlen. Mit Salz, Pfeffer und nach Belieben etwas Curry abschmecken. Schalottenwürfel und die Hälfte der Knoblauchwürfel unterrühren.

**3.** Rosenkohl putzen, abspülen, abtropfen lassen. In einem Topf etwa 300 ml Wasser zugedeckt zum Kochen bringen. ½ Teelöffel Salz und Rosenkohl zugeben, zugedeckt aufkochen lassen und 18–20 Minuten garen (der Rosenkohl sollte noch bissfest sein). Rosenkohl abtropfen und etwas abkühlen lassen. Die Röschen ja nach Größe evtl. halbieren und unter das Dressing mischen.

**4.** Zwiebeln abziehen und in Würfel schneiden. Die Tomaten abtropfen lassen und in Streifen schneiden. Grünkern abtropfen lassen. Restliches Öl in einer Pfanne erhitzen, Zwiebelwürfel darin braun braten. Grünkern und Tomaten zugeben. Mit Salz, Pfeffer und Essig abschmecken.

**5.** Grünkern und Rosenkohl mischen, etwa 30 Minuten durchziehen lassen. Den Salat nochmals mit Salz, Pfeffer und 1 Prise Curry abschmecken und auf Tellern anrichten.

**TIPP:**

Probieren Sie diesen Salat auch einmal mit Zartweizen statt mit Grünkern. Die vorgegarten Hartweizenkörner müssen nur etwa 15 Minuten kochen und schmecken leicht nussig, mit kernigem Biss.

NEUE SALATE

# GRÜNKOHL-SALAT MIT TOFU-SENF-DRESSING

- ⏱ Zubereitungszeit: 20 Minuten, ohne Durchziehzeit
- ✚ Vegetarisch

## ZUTATEN FÜR 4 PORTIONEN

400 g geputzter, fein zerzupfter zarter Grünkohl
8 EL frisch gepresster Orangensaft
etwas brauner Zucker
2–3 TL milder Senf
Salz
gem. Pfeffer

8 getrocknete Aprikosenhälften
75 g getrocknete Cranberrys

3–4 EL Sonnenblumenkerne
200 g Pumpernickel
2–3 EL Butter oder Olivenöl

1 Knoblauchzehe
400 g Seidentofu

## PRO PORTION:

E: 14 g, F: 15 g, Kh: 50 g, kcal: 418

**1.** Grünkohl gründlich waschen und trocken schleudern. 4 Esslöffel Orangensaft, ½ Teelöffel Zucker, Senf, 1 gestrichenen Teelöffel Salz und Pfeffer mischen. Zum Grünkohl geben und alles gründlich durchkneten. Mindestens 2 Stunden durchziehen lassen.

**2.** Aprikosen in feine Streifen schneiden, mit den Cranberrys im übrigen Orangensaft einweichen.

**3.** Sonnenblumenkerne in einer beschichteten Pfanne ohne Fett rösten, auf einen Teller geben und auskühlen lassen. Pumpernickel in Würfel schneiden. Butter oder Öl in der Pfanne erhitzen, Pumpernickel darin unter Wenden knusprig rösten, auf Küchenpapier abtropfen lassen. Mit etwas Salz würzen.

**4.** Knoblauch abziehen und in feine Würfel schneiden. Mit Tofu, 1 Esslöffel Sonnenblumenkernen und restlichem Senf in einen hohen Mixbecher geben und mit einem Pürierstab oder im Mixer sehr fein pürieren. Das Dressing mit Salz, Pfeffer und Zucker würzig abschmecken. Grünkohl und etwa die Hälfte des Dressings mischen.

**5.** Eingeweichte Früchte gut abtropfen lassen, unter den Grünkohl-Salat mischen, den Salat nochmals abschmecken. Mit den restlichen Sonnenblumenkernen und Pumpernickel-Croûtons anrichten. Das übrige Dressing dazureichen.

## TIPP:

Die festen Blätter des Grünkohls wurden früher als Gemüse lange geschmort oder in Eintöpfen gekocht. Doch der deftige Kohl schmeckt auch als Salat köstlich. Allerdings behalten die marinierten Blättchen deutlich mehr Biss als klassischer Blattsalat. Wer es etwas milder und leichter verdaulich mag, blanchiert die Blätter 1–2 Minuten in reichlich kochendem Salzwasser. Dann wie beschrieben weiterverarbeiten.

# HÄHNCHEN-AVOCADO-SALAT

🕐 Zubereitungszeit: 25 Minuten, ohne Durchziehzeit

### ZUTATEN FÜR 4 PORTIONEN

300 g gebratene Hähnchenbrust
100 g durchwachsener Speck
100 g Cocktailtomaten
100 g Frühlingszwiebeln
1 Avocado
etwas Zitronensaft
150 g Staudensellerie

### FÜR DIE SALATSAUCE:

2 EL Basilikum- oder weißer Balsamico-Essig
2 EL Zitronensaft
5 EL Speiseöl
Salz, gem. weißer Pfeffer
1 Prise Zucker
gerebelter Estragon
½ Bund Schnittlauch
Zucker
flüssiger Honig
Zitronensaft

### PRO PORTION:

E: 19 g, F: 57 g, Kh: 12 g, kcal: 657

**1.** Hähnchenbrust enthäuten und das Fleisch in Scheiben schneiden. Speck würfeln und in einer Pfanne ohne Fett knusprig ausbraten.

**2.** Tomaten abspülen, trocken tupfen, halbieren und die Stängelansätze herausschneiden. Die Frühlingszwiebeln putzen, abspülen, abtropfen lassen und in Scheiben schneiden.

**3.** Avocado halbieren und den Stein herauslösen. Avocadohälften schälen und das Fruchtfleisch in Würfel schneiden. Mit Zitronensaft beträufeln.

**4.** Staudensellerie putzen, abspülen, abtropfen lassen und in Scheiben schneiden. Die vorbereiteten Salatzutaten in einer Schüssel mischen.

**5.** Für die Salatsauce Basilikum- oder Balsamico-Essig und Zitronensaft verrühren, Speiseöl unterschlagen. Mit Salz, Pfeffer, Zucker und Estragon würzen. Schnittlauch abspülen, trocken tupfen und in feine Ringe schneiden. Schnittlauchröllchen unter die Salatsauce rühren.

**6.** Die Sauce mit Zucker, Honig und Zitronensaft abschmecken, unter die Salatzutaten heben. Den Salat gut durchziehen lassen.

### TIPP:

Wenn Balsamico-Essig verwendet wird, kann der Salat zusätzlich mit 3–4 klein geschnittenen Basilikumblättchen gewürzt werden.

# HÄHNCHENSALAT „CALIFORNIA STYLE"

⏱ Zubereitungszeit: 30 Minuten, ohne Abkühlzeit

### ZUTATEN FÜR 4 PORTIONEN

250 g Nudeln, z. B. Farfalle
Salz

### FÜR DAS DRESSING:

2 Knoblauchzehen
100 ml Apfelessig
2 TL milder Dijon-Senf
2 TL flüssiger Honig
gem. Pfeffer
40 ml Olivenöl

3 rote Zwiebeln
400 g Champignons
125 g Rucola (Rauke)
400 g Mango-Fruchtfleisch
  (von 1 großen Mango)
125 g geräucherter Hähnchenbrust-Aufschnitt,
  in feinen Scheiben

### PRO PORTION:

E: 21 g, F: 13 g, Kh: 64 g, kcal: 467

1. Wasser in einem großen Topf zugedeckt zum Kochen bringen. Dann Salz und Nudeln hinzugeben. Die Nudeln im geöffneten Topf bei mittlerer Hitze nach Packungsanleitung bissfest kochen, dabei gelegentlich umrühren.

2. Die gegarten Nudeln in ein Sieb geben, mit kaltem Wasser abspülen und abtropfen lassen. Die Nudeln abkühlen lassen.

3. In der Zwischenzeit für das Dressing Knoblauch abziehen, klein würfeln und mit etwas Salz auf einem Schneidbrett fein zerreiben. Knoblauch mit Essig, Senf, Honig, Salz und Pfeffer verrühren. Das Olivenöl unterschlagen. Das Dressing mit den Nudeln in einer Schüssel vermischen.

4. Zwiebeln abziehen, zuerst in feine Scheiben schneiden, dann in Ringe teilen. Champignons putzen, evtl. kurz abspülen, trocken tupfen und in feine Scheiben schneiden. Die Zwiebelringe und Pilzscheiben mit den Nudeln vermischen.

5. Rucola putzen und die dicken Stängel abschneiden. Rucola abspülen, gut abtropfen lassen oder trocken schleudern und evtl. etwas kleiner zupfen. Das Mango-Fruchtfleisch in feine Spalten schneiden. Rucola und Mangospalten vorsichtig unter die marinierten Nudeln heben, mit Salz und Pfeffer abschmecken. Den Salat mit dem Hähnchenbrust-Aufschnitt dekorativ anrichten.

### TIPPS:

Statt Rucola können Sie natürlich auch einen knackigen Salat für dieses Gericht verwenden. Eisberg-, Römer- oder Endiviensalat eignen sich besonders gut.
Der Salat ist schnell zubereitet und eignet sich deshalb gut, wenn sich kurzfristig Besuch angemeldet hat. Sie können den Salat aber auch bis einschließlich Punkt 3 zubereiten und zugedeckt im Kühlschrank 3–4 Stunden oder über Nacht durchziehen lassen.

# HIRSESALAT

⏱ Zubereitungszeit: 30 Minuten, ohne Abkühl- und Durchziehzeit
+ Vegan
+ Glutenfrei

## ZUTATEN FÜR 4 PORTIONEN

200 g Hirse
3 Schalotten (etwa 150 g)
2 TL Speiseöl, z. B. Sonnenblumenöl
etwa 600 ml vegane Gemüsebrühe
200 g Zuckerschoten
Salz
etwa 600 g Chinakohl
etwa 200 g Kohlrabi
2 EL Obstessig
etwa 3 EL Zitronensaft
etwas Currypulver, etwa gem. Ingwer
4 TL Weizenkeimöl
gem. schwarzer Pfeffer

## PRO PORTION:

E: 10 g, F: 9 g, Kh: 46 g, kcal: 305

---

**1.** Hirse in ein feines Sieb geben, mit heißem Wasser abspülen und gut abtropfen lassen. Die Schalotten abziehen und fein würfeln. Speiseöl in einem Topf erhitzen. Die Schalottenwürfel darin andünsten. Die Hirse mit etwa 450 ml Gemüsebrühe hinzugeben und nach Packungsanleitung garen. Die gegarte Hirse in eine Schüssel geben und zum Abkühlen beiseitestellen.

**2.** Von den Zuckerschoten die Enden abschneiden, evtl. abfädeln. Zuckerschoten abspülen, abtropfen lassen und in kochendem Salzwasser in etwa 2 Minuten bissfest garen. Zuckerschoten in ein Sieb geben, mit kaltem Wasser abschrecken, abtropfen lassen und nach Belieben schräg in Stücke schneiden.

**3.** Chinakohl putzen, abspülen, abtropfen lassen und in feine Streifen schneiden. Kohlrabi schälen, abspülen und abtropfen lassen. Kohlrabi auf der Haushaltsreibe grob raspeln.

**4.** Die beiseitegestellte Hirse mit 2 Gabeln etwas auflockern. Zuckerschoten, Chinakohlstreifen und Kohlrabiraspel unterheben.

**5.** Die restliche Gemüsebrühe mit Obstessig, 1 Teelöffel Zitronensaft, Curry und gemahlenem Ingwer verrühren. Das Weizenkeimöl unterschlagen. Das Dressing mit Salz und Pfeffer würzen.

**6.** Das Dressing zu den Salatzutaten geben und alles gut vermischen. Den Salat kurz durchziehen lassen.

**7.** Den Salat vor dem Servieren nochmals mit restlichem Zitronensaft, Curry und Ingwer frisch-säuerlich abschmecken und in Salatschalen anrichten.

## TIPP:

Statt frischer Zuckerschoten können Sie auch TK-Zuckerschoten oder TK-Erbsen verwenden. Diese in kochendem Salzwasser nach Packungsanleitung garen, abgießen, mit kaltem Wasser abspülen und gut abtropfen lassen.

# HIRSESALAT MIT PAPRIKA UND ZUCCHINI

- Zubereitungszeit: 20 Minuten, ohne Abkühlzeit
  Garzeit: etwa 10 Minuten
- Vegan
- Glutenfrei

**ZUTATEN FÜR 4 PORTIONEN**

200 g Hirse
400 ml vegane Gemüsebrühe
1 Zwiebel (etwa 120 g)
2 rote Paprikaschoten (etwa 500 g)
2 Zucchini (etwa 400 g)
50 g Korinthen
5 EL Olivenöl
Salz
gem. Pfeffer
1 Bund glatte Petersilie
2–3 EL Weißweinessig

**PRO PORTION:**

E: 9 g, F: 15 g, Kh: 53 g, kcal: 406

**1.** Hirse in ein Sieb geben, mit kaltem Wasser abspülen und abtropfen lassen. Brühe in einem Topf zum Kochen bringen. Hirse hinzugeben, unter Rühren wieder zum Kochen bringen und zugedeckt etwa 15 Minuten bei schwacher Hitze garen.

**2.** In der Zwischenzeit Zwiebel abziehen und in Streifen schneiden. Paprikaschoten vierteln, entstielen, entkernen und die weißen Scheidewände entfernen. Paprikaschoten abspülen, abtropfen lassen und in kurze Streifen schneiden.

**3.** Zucchini abspülen, abtrocknen und die Enden abschneiden. Zucchini in kurze Streifen schneiden. Korinthen in ein Sieb geben, mit heißem Wasser abspülen und abtropfen lassen.

**4.** Olivenöl in einem Topf erhitzen. Die Zwiebelstreifen darin andünsten. Paprikastreifen und Korinthen hinzugeben und das Ganze zugedeckt etwa 10 Minuten garen. Dann Zucchinistreifen unterheben, mit Salz und Pfeffer würzen. Das gegarte Gemüse mit der Hirse vermischen. Den Salat etwas abkühlen lassen.

**5.** Petersilie abspülen, trocken tupfen und die Blättchen von den Stängeln zupfen, Blättchen klein schneiden und unter den Hirsesalat heben. Den Salat mit Salz, Pfeffer und Essig würzen.

## KARTOFFEL-ERBSEN-SALAT MIT ZAZIKI-JOGHURT-SAUCE
(REZEPT OHNE FOTO)

- ⏱ Zubereitungszeit: 30 Minuten
  Bratzeit: etwa 8 Minuten
- ✚ Vegetarisch

### ZUTATEN FÜR 4 PORTIONEN

800 g vorgegarte Pellkartoffeln, z. B. vom Vortag
2 EL Speiseöl, z. B. Olivenöl
150 g TK-Erbsen
3 EL Zitronensaft
3 abgetropfte grüne Pfefferschoten
   (mild, aus dem Glas)
2 abgetropfte Paprikahälften (aus dem Glas)
200 g Zaziki (aus dem Kühlregal)
100 g Joghurt (3,5 % Fett)
1 TL gehackte Dillspitzen
75 g abgetropfte schwarze Oliven, ohne Stein
Salz
gem. Pfeffer

### PRO PORTION:

E: 12 g, F: 20 g, Kh: 46 g, kcal: 418

**1.** Kartoffeln pellen und in Scheiben schneiden. Speiseöl in einer großen Pfanne erhitzen. Die Kartoffelscheiben darin verteilen und etwa 4 Minuten bei mittlerer Hitze ohne Wenden braten. Dann die Bratkartoffeln umdrehen und weitere etwa 4 Minuten knusprig braun braten.

**2.** Die Bratkartoffeln aus der Pfanne nehmen und in eine Salatschüssel geben. Die gefrorenen Erbsen hinzugeben und untermischen. Die Bratkartoffel-Erbsen-Mischung mit Zitronensaft beträufeln und etwa 5 Minuten abkühlen lassen.

**3.** In der Zwischenzeit Pfefferschoten und Paprikahälften in kleine Stücke schneiden.

**4.** Zaziki mit Joghurt und Dillspitzen verrühren. Etwa zwei Drittel davon unter die Kartoffel-Erbsen-Mischung geben. Pfefferschoten-, Paprikastücke und Oliven vorsichtig unterheben.

**5.** Den Kartoffelsalat mit Salz und Pfeffer abschmecken. Die restliche Zaziki-Jogurt-Sauce in Klecksen daraufgeben. Den Salat sofort servieren.

# KARTOFFEL-HÄHNCHEN-SALAT

⏱ Zubereitungszeit: 20 Minuten

### ZUTATEN FÜR 2–3 PORTIONEN

2 Handvoll gegarte Pellkartoffeln (500–600 g, z. B. vom vorabendlichen Grillen)
1 Handvoll gegrilltes Hähnchenfleisch (etwa 200 g ohne Haut, von Brathähnchen oder Hähnchensteaks vom Vortag)
3 Stangen Staudensellerie
1 kleiner Apfel

### FÜR DIE SALATSAUCE:

4 EL Salatmayonnaise
150 g Joghurt (1 Becher, 3,5 % Fett)
2 EL mittelscharfer Senf
½–1 EL flüssiger Honig oder Zucker
Salz
gem. Pfeffer

### PRO PORTION:

E: 26 g, F: 28 g, Kh: 58 g, kcal: 596

**1.** Die Pellkartoffeln pellen oder mit der Schale in grobe Würfel schneiden. Das Fleisch in Stücke schneiden.

**2.** Staudensellerie putzen, abspülen und abtropfen lassen. Selleriestangen in dünne Scheiben schneiden. Den Apfel abspülen, abtrocknen, vierteln und entkernen. Apfelviertel in Scheiben schneiden.

**3.** Für die Salatsauce die Salatmayonnaise mit Joghurt, Senf und Honig oder Zucker verrühren, mit Salz und Pfeffer würzen. Die vorbereiteten Salatzutaten mit der Salatsauce vermischen. Den Salat nochmals mit Salz und Pfeffer abschmecken.

### TIPPS:

Verwenden Sie für den Salat die Senfsorte, die Sie bevorzugen. Körniger Senf macht immer auch optisch noch was her. Süßer Senf ist ebenfalls okay, dann lassen Sie einfach den Honig oder Zucker weg.
Andere gegrillte „Fleischreste" oder „Würstchenreste" vom Vortag schmecken in diesem Salat natürlich ebenso gut.

# KARTOFFEL-MATJES-SALAT MIT KERNEN

⏱ Zubereitungszeit: 35–40 Minuten, ohne Abkühl- und Durchziehzeit
Garzeit: 20–25 Minuten

### ZUTATEN FÜR 12 PORTIONEN

2 ¼ kg festkochende Kartoffeln
10 Matjesfilets (etwa 600 g)
2 Bund Frühlingszwiebeln
4 kleine säuerliche Äpfel, z. B. Elstar oder Braeburn

### FÜR DAS DRESSING:

200 ml Gemüsebrühe
125 ml Weißweinessig
1 EL mittelscharfer Senf
Zucker
Salz, gem. Pfeffer
8 EL Sonnenblumenöl

100 g Sonnenblumenkerne
3 EL Schnittlauchröllchen

### PRO PORTION:

E: 15 g, F: 20 g, Kh: 34 g, kcal: 393

---

**1.** Die Kartoffeln gründlich waschen, knapp mit Wasser bedeckt, zugedeckt zum Kochen bringen und in 20–25 Minuten gar kochen.

**2.** Kartoffeln abgießen, mit kaltem Wasser abspülen, abtropfen lassen, etwas abkühlen lassen und heiß pellen. Kartoffeln erkalten lassen, in Scheiben schneiden und in eine Schüssel geben.

**3.** Matjesfilets kurz unter fließendem kalten Wasser abspülen, trocken tupfen und in kleine Stücke schneiden, dabei evtl. Gräten entfernen.

**4.** Die Frühlingszwiebeln putzen, abspülen, abtropfen lassen und in feine Scheiben schneiden. Äpfel schälen, vierteln, entkernen und in Stifte schneiden.

**5.** Für das Dressing Brühe mit Essig und Senf verrühren, mit Zucker, Salz und Pfeffer würzen. Sonnenblumenöl unterschlagen.

**6.** Matjesfiletstücke und Frühlingszwiebelscheiben in eine große Schüssel geben und mit dem Dressing vermischen, die Kartoffelscheiben mit den Apfelstiften unterheben.

**7.** Den Salat zugedeckt 1–2 Stunden in den Kühlschrank stellen und durchziehen lassen.

**8.** Die Sonnenblumenkerne in einer Pfanne ohne Fett unter Rühren hellbraun anrösten.

**9.** Den Salat vor dem Servieren nochmals mit den Gewürzen abschmecken, mit den Sonnenblumenkernen und Schnittlauchröllchen bestreut servieren.

### TIPPS:

Nehmen Sie statt der Matjesfilets 3 Gläser (je 250 g) Bismarckheringe. Die Fischfilets abtropfen lassen und auseinanderrollen. Anschließend in etwa 3 cm große Stücke schneiden. Verwenden Sie für den Salat zusätzlich noch 2 hart gekochte Eier. Die Eier pellen, das Eigelb mit einer Gabel zerdrücken und gut mit Brühe, Essig und Öl verrühren. Das Eiweiß in feine Würfel hacken und vor dem Servieren über den Salat streuen.
Statt des Essigs können Sie auch etwas von der Aufgussflüssigkeit der Bismarckheringe für das Dressing verwenden.
Die Sonnenblumenkerne können Sie durch geröstete Kürbiskerne ersetzen.

# KARTOFFEL-PASTRAMI-SALAT

(REZEPT OHNE FOTO)

- Zubereitungszeit: 50 Minuten, ohne Abkühl- und Durchziehzeit
  Garzeit: 10–15 Minuten
- ▲ mit Alkohol

**ZUTATEN FÜR 4 PORTIONEN**

500 g festkochende Kartoffeln
1 gestr. TL Salz
1 Bio-Salatgurke (etwa 500 g)
250 g Radieschen
2 Kästchen Kresse

**FÜR DIE SALATSAUCE:**

2 Knoblauchzehen
1 EL Estragonsenf
40 ml Sherry
40 ml Weißweinessig
Salz
gem. Pfeffer
75 ml Speiseöl, z. B. Rapsöl

200 g Pastrami-Scheiben (nicht zu dünn)

**PRO PORTION:**

E: 14 g, F: 95 g, Kh: 78 g, kcal: 1468

**1.** Die Kartoffeln schälen, abspülen, abtropfen lassen und in Scheiben schneiden. Die Kartoffelscheiben knapp mit Wasser bedeckt zugedeckt zum Kochen bringen, dann Salz hinzugeben. Die Kartoffelscheiben in 10–15 Minuten gar kochen. Die Kartoffelscheiben abgießen und in einem Sieb abtropfen lassen.

**2.** In der Zwischenzeit die Gurke abspülen, abtrocknen und die Enden abschneiden. Die Gurke längs halbieren und in dünne Scheiben schneiden oder hobeln. Die Radieschen putzen, abspülen, abtropfen lassen und ebenfalls in dünne Scheiben schneiden. Kresse abspülen, trocken tupfen und vom Beet schneiden. Etwas Kresse zum Garnieren beiseitelegen.

**3.** Für die Salatsauce Knoblauch abziehen und fein schneiden oder durch eine Knoblauchpresse drücken. Estragonsenf mit Sherry und Essig verrühren. Knoblauch unterrühren. Mit Salz und Pfeffer würzen, das Speiseöl unterschlagen.

**4.** Das Fleisch in dünne Streifen schneiden, mit den Kartoffel-, Gurken- und Radieschenscheiben und der Kresse in einer großen Schüssel vermengen. Die Salatsauce hinzugeben und gut untermischen. Den Salat zugedeckt im Kühlschrank etwa 1 Stunde durchziehen lassen.

**5.** Den Salat vor dem Servieren nochmals durchmischen, abschmecken und mit beiseitegelegter Kresse garnieren.

**TIPP:**

Pastrami ist ein gewürztes, gepökeltes und gegartes Stück Rindfleisch, das in dünnen Scheiben meist als Brot- oder Sandwichbelag verwendet wird.

## KARTOFFELSALAT, FRUCHTIG

- ⏱ Zubereitungszeit: 40 Minuten, ohne Abkühl- und Durchziehzeit
  Garzeit: 20–25 Minuten
- ✚ Vegetarisch

### ZUTATEN FÜR 12 PORTIONEN

2 kg festkochende Kartoffeln
je 1 rote und gelbe Paprikaschote
2 mittelgroße Zwiebeln
2 mittelgroße Äpfel mit roter Schale
2 hart gekochte Eier
500 g Joghurt-Salatcreme
Salz
gem. Pfeffer

### PRO PORTION:

E: 5 g, F: 14 g, Kh: 32 g, kcal: 280

**1.** Kartoffeln gründlich waschen und in einem Topf knapp mit Wasser bedeckt, zugedeckt zum Kochen bringen. Kartoffeln 20–25 Minuten garen. Kartoffeln abgießen, abtropfen und kurz abkühlen lassen. Kartoffeln heiß pellen, erkalten lassen und in Scheiben schneiden.

**2.** Paprikaschoten halbieren, entstielen, entkernen und die weißen Scheidewände entfernen. Schoten abspülen, abtropfen lassen und in dünne Streifen schneiden. Zwiebeln abziehen und sehr klein würfeln. Äpfel abspülen, abtrocknen, vierteln, entkernen und mit der Schale in schmale Spalten schneiden. Eier pellen, klein schneiden.

**3.** Die vorbereiteten Salatzutaten in einer großen Schüssel mischen. Salatcreme unterheben. Den Kartoffelsalat mit Salz und Pfeffer abschmecken. Den Kartoffelsalat mit Frischhaltefolie zugedeckt im Kühlschrank einige Stunden oder über Nacht durchziehen lassen.

# KARTOFFELSALAT MIT KRESSE

🕐 Zubereitungszeit: 20 Minuten,
ohne Durchzieh- und Abkühlzeit
Garzeit: etwa 25 Minuten
➕ Vegan

### ZUTATEN FÜR 2 PORTIONEN

600 g festkochende Kartoffeln
1 große Möhre (etwa 150 g)

### FÜR DIE SALATSAUCE:

200 ml vegane Gemüsebrühe
1 ½ EL weißer Balsamico-Essig
Salz, gem. Pfeffer
2 EL Olivenöl

250 g rosé Champignons
1 ½ EL Olivenöl
1 Kästchen rote Daikonkresse

### PRO PORTION:

E: 11 g, F: 18 g, Kh: 49 g, kcal: 404

**1.** Die Kartoffeln unter fließendem kalten Wasser abbürsten, knapp mit Wasser bedeckt, zugedeckt zum Kochen bringen und in etwa 20 Minuten gar kochen. Kartoffeln abgießen, mit kaltem Wasser abschrecken und abtropfen lassen. Kartoffeln noch warm pellen, in Scheiben schneiden und in eine Schüssel geben.

**2.** Danach die Möhre putzen, schälen, abspülen und abtropfen lassen. Anschließend die Möhre auf der Haushaltsreibe fein raspeln.

**3.** Für die Sauce Brühe mit Essig, Salz und Pfeffer verrühren. Das Olivenöl unterschlagen. Möhrenraspel und Salatsauce zu den Kartoffelscheiben geben, vorsichtig untermischen. Den Salat etwa 30 Minuten durchziehen lassen.

**4.** In der Zwischenzeit die Champignons putzen, evtl. kurz abspülen und trocken tupfen. Champignons in Scheiben schneiden. Olivenöl in einer Pfanne erhitzen. Die Champignonscheiben hinzufügen und unter gelegentlichem Rühren in 3–4 Minuten hellbraun braten, mit Pfeffer würzen. Champignons abkühlen lassen und unter den Kartoffelsalat heben.

**5.** Kresse abspülen, trocken tupfen und die Blättchen von den Stängeln schneiden. Den Salat mit Salz und Pfeffer würzen. Die Kresseblättchen unterheben.

### TIPPS:

Die rote Daikonkresse erinnert im Geschmack an Kreuzkümmel (Cumin). Sie kann durch einfache Kresse ersetzt werden.
Der Kartoffelsalat ist zum Sattessen als Hauptgericht gedacht. Soll der Salat nur eine Beilage sein, reichen 400 g Kartoffeln und 1 kleine Möhre (etwa 100 g) aus. Die restlichen Zutatenmengen müssen jedoch nicht verändert werden.

# KARTOFFELSALAT MIT OLIVEN UND DILL

● Zubereitungszeit: 35 Minuten, ohne Abkühl- und Durchziehzeit
+ Vegan

## ZUTATEN FÜR 4 PORTIONEN

750 g festkochende Kartoffeln
1 Salatgurke (etwa 400 g)
Salz
1 Zwiebel (etwa 100 g)
2–3 Knoblauchzehen
etwa 70 abgetropfte schwarze Oliven
300 g Sojaghurt (aus dem Kühlregal)
2 EL Weißweinessig
2 EL Distelöl
2 Bund Dill
gem. Pfeffer

## PRO PORTION:

E: 8 g, F: 10 g, Kh: 32 g, kcal: 269

1. Kartoffeln gründlich waschen, in einem Topf knapp mit Wasser bedeckt, zugedeckt zum Kochen bringen und in 20–25 Minuten gar kochen.

2. Die gegarten Kartoffeln abgießen, mit kaltem Wasser abschrecken, heiß pellen und erkalten lassen.

3. In der Zwischenzeit die Gurke heiß abwaschen, abtrocknen und die Enden abschneiden. Die Gurke der Länge nach halbieren, entkernen und in sehr kleine Würfel schneiden. Gurkenwürfel mit 1 Teelöffel Salz mischen. Zwiebel und Knoblauch abziehen.

4. Zwiebel halbieren und in sehr kleine Würfel schneiden. Knoblauch durch eine Knoblauchpresse drücken. Die Oliven zuerst vom Stein, dann in Streifen schneiden.

5. Sojaghurt mit Essig in einer Schüssel verrühren, Distelöl unterschlagen. Die Kartoffeln in dünne Scheiben schneiden und zur Marinade in die Schüssel geben. Gurken-, Zwiebelwürfel, Knoblauch und Olivenstreifen sorgfältig unter die Kartoffelscheiben heben. Den Kartoffelsalat etwa 15 Minuten durchziehen lassen.

6. Dill abspülen, trocken tupfen und die Spitzen von den Stängeln zupfen, die Dillspitzen klein schneiden.

7. Dill unter den Kartoffelsalat heben. Den Salat mit Salz und Pfeffer abschmecken.

## TIPP:

Anstelle der Oliven können Sie auch 30 g eingelegte Kapern verwenden.

# KARTOFFELSALAT MIT TAHINA-SAUCE

- ⏱ Zubereitungszeit: 25 Minuten, ohne Auskühl- und Marinierzeit
  Garzeit: etwa 15 Minuten
- ✚ Vegetarisch

## ZUTATEN FÜR 4 PORTIONEN

500 g kleine festkochende Kartoffeln
Salz
1 Zwiebel
2 EL Olivenöl
1 TL Instant-Gemüsebrühepulver
2 EL Tahina (Sesampaste aus dem Glas)
gem. Pfeffer
2–3 EL Zitronensaft (frisch gepresst oder aus dem Fläschchen)
250 g feine grüne Bohnen (frisch oder TK)
2–3 EL Joghurt (3,5% Fett) oder Sojajoghurt-Alternative
evtl. etwas Gemüsebrühe
6 kleine Tomaten
150 g milde schwarze Oliven, mit Stein

### PRO PORTION:

E: 6 g, F: 14 g, Kh: 23 g, kcal: 260

**1.** Kartoffeln gründlich unter fließenden kalten Wasser abbürsten. Dann knapp mit Wasser bedeckt in einen Topf geben, etwas Salz zugeben. Zugedeckt zum Kochen bringen. Kartoffeln 20–25 Minuten garen.

**2.** Inzwischen die Zwiebel abziehen und in feine Würfel schneiden. Öl in einem Topf erhitzen, die Zwiebelwürfel darin glasig dünsten. Mit 75 ml Wasser ablöschen, aufkochen. Brühepulver und Tahina gründlich (z. B. mit einem kleinen Schneebesen) einrühren und lösen lassen. Mit Salz, Pfeffer und 2 Esslöffeln Zitronensaft würzen.

**3.** Kartoffeln abgießen, kurz in kaltem Wasser abschrecken, abtropfen lassen und pellen. Kartoffeln nach Belieben klein schneiden, mit dem Dressing mischen und lauwarm abkühlen lassen.

**4.** Inzwischen Bohnen putzen, abspülen, abtropfen lassen. Bohnen in Stücke brechen, knapp mit Wasser bedeckt in einen Topf geben, etwas Salz zugeben. Zugedeckt zum Kochen bringen und 10–12 Minuten garen. Bohnen abtropfen lassen und unter die Kartoffeln mischen.

**5.** Joghurt und nach Belieben noch etwas Brühe unter den Kartoffelsalat mischen.

**6.** Tomaten putzen, abspülen, trocken reiben und klein schneiden. Tomaten und Oliven ebenfalls unter den Salat mischen. Den Salat vor dem Servieren mit Salz, Pfeffer und restlichem Zitronensaft abschmecken.

### TIPP:

Kennen Sie Tempeh? Dieses aus fermentierten Soja- oder Lupinenbohnenkernen hergestellte asiatische Eiweißprodukt ist perfekt für alle, die sich abwechslungsreich vegan ernähren möchten. Tempeh wird als eiweißhaltiger Fleischersatz z. B. in Scheiben geschnitten und gebraten. Tempeh kann mit Kräutern, Gewürzen oder Sojasauce gewürzt zu diesem Salat serviert werden. Tempeh hat einen angenehm milden, leicht nussig-würzigen Geschmack, mit dezentem Pilzaroma.

VON A–Z

K

## KARTOFFEL-SPARGEL-SALAT

- Zubereitungszeit: 25 Minuten
  Garzeit: 6–8 Minuten
- Vegetarisch

### ZUTATEN FÜR 4 PORTIONEN

600 g kleine neue Kartoffeln, z. B. Drillinge
800 g grüner Spargel
4 Möhren
Salz
4 TL Sesamsamen
4 Frühlingszwiebeln

### FÜR DAS DRESSING:

500 g Joghurt (1,5 % Fett)
4 TL Sojasauce
4 TL Sesamöl
gem. Pfeffer

2 Kästchen Shiso-Kresse
  (ersatzweise 5 EL Gartenkresse)

### PRO PORTION:

E: 13 g, F: 9 g, Kh: 39 g, kcal: 299

**1.** Die Kartoffeln unter fließendem Wasser abbürsten, knapp mit Wasser bedeckt, zugedeckt zum Kochen bringen und in etwa 10 Minuten gar kochen.

**2.** In der Zwischenzeit von dem Spargel das untere Drittel schälen und die unteren Enden abschneiden. Spargel abspülen, abtropfen lassen und schräg in etwa 4 cm lange Stücke schneiden. Möhren putzen, schälen, abspülen, abtropfen lassen und in Stifte schneiden.

**3.** Spargelstücke in kochendem Salzwasser zugedeckt in 6–8 Minuten bissfest garen. Möhrenstifte nach 4–6 Minuten Garzeit zum Spargel geben und mitgaren lassen.

**4.** Kartoffeln und Spargel mit den Möhrenstiften abgießen und abtropfen lassen. Die Kartoffeln nach Belieben pellen. Kartoffeln, Möhrenstifte und Spargel etwas abkühlen lassen.

**5.** In der Zwischenzeit Sesam in einer Pfanne ohne Fett unter Wenden goldbraun rösten und auf einen Teller geben. Frühlingszwiebeln putzen, abspülen, abtropfen lassen und schräg in feine Scheiben schneiden.

**6.** Für das Dressing Joghurt mit Sojasauce und Sesamöl gut verrühren, mit Salz und Pfeffer würzen. Kartoffeln halbieren oder vierteln, mit den Frühlingszwiebelscheiben zum Dressing geben und unterrühren. Spargelstücke und Möhrenstifte vorsichtig unter den Salat heben.

**7.** Kresse abspülen, abtropfen lassen und vom Beet schneiden. Den Kartoffelsalat anrichten, mit Kresse und Sesam bestreuen.

# KICHERERBSEN-BULGUR-SALAT

- Zubereitungszeit: 30 Minuten, ohne Abkühlzeit
- Vegetarisch

## ZUTATEN FÜR 4 PORTIONEN

### FÜR DEN SALAT:

70 g Bulgur (Instant)
Gemüsebrühe (nach Packungsanleitung)
1 EL gestiftelte Mandeln
1 Orange
4 Frühlingszwiebeln
150 g Cocktailtomaten
265 g abgetropfte Kichererbsen (aus der Dose)
1 EL Rosinen

### FÜR DIE SAUCE:

2 Stängel Minze
1 Bio-Limette (unbehandelt, ungewachst)
Salz, gem. Pfeffer
1 Prise Zucker
3 EL Olivenöl

### FÜR DAS SALAT-TOPPING:

150 g Joghurt (3,5 % Fett)
½ TL Chilipulver
½ Avocado
etwa 1 ½ EL Zitronensaft

### PRO PORTION:

E: 10 g, F: 19 g, Kh: 36 g, kcal: 377

1. Für den Salat Bulgur mit Brühe nach Packungsanleitung (die auf der Packung angegebene Flüssigkeitsmenge verwenden) zubereiten. Dann den Bulgur abkühlen lassen. Die Mandeln in einer Pfanne ohne Fett unter Rühren anrösten, dann auf einen Teller geben.

2. Die Orange so schälen, dass die weiße Haut mit entfernt wird. Die Orange filetieren, dabei den Saft auffangen. Filets halbieren. Frühlingszwiebeln putzen, abspülen, abtropfen lassen, in feine Scheiben schneiden. Die Tomaten abspülen, abtrocknen und vierteln, dabei die Stängelansätze herausschneiden.

3. Die Kichererbsen in ein Sieb geben, mit kaltem Wasser abspülen und abtropfen lassen. Gegarten Bulgur mit 2 Gabeln auflockern und in eine Salatschüssel geben. Kichererbsen, Orangenfilets, Frühlingszwiebelscheiben, Tomatenviertel, Rosinen und ½ Esslöffel von den gerösteten Mandeln hinzugeben.

4. Für die Sauce Minze abspülen, trocken tupfen und die Blättchen von den Stängeln zupfen. Einige Blättchen zum Garnieren beiseitelegen. Restliche Blättchen fein schneiden.

5. Limette heiß abwaschen, abtrocknen und von einer Limettenhälfte die Schale fein abreiben. Limette halbieren und den Saft auspressen, 1 Teelöffel Limettensaft für das Salat-Topping abmessen und beiseitestellen.

6. Aufgefangenen Orangensaft mit restlichem Limettensaft und -schale verrühren. Mit Salz, Pfeffer und Zucker würzen. Olivenöl unterschlagen. Die Sauce zu den Salatzutaten geben und untermischen.

7. Für das Topping Joghurt mit dem beiseitegestellten Limettensaft und Chili glatt rühren.

8. Von der Avocadohälfte den Stein herauslösen. Das Fruchtfleisch mit einem Löffel aus der Schale lösen, in Stücke schneiden und sofort mit Zitronensaft beträufeln.

9. Den Salat nochmals umrühren, abschmecken und z. B. in Gläsern anrichten. Darauf jeweils einen Klecks vom Topping und einige Avocadostücke geben. Salat mit den restlichen Minzeblättchen und Mandeln garniert servieren.

VON A–Z

## KICHERERBSENSALAT, FRUCHTIG-PIKANT

🕐 Zubereitungszeit: 20 Minuten
✚ Vegan

### ZUTATEN FÜR 2 PORTIONEN

285 g abgetropfte Kichererbsen (aus der Dose)
1 Limette
1 reife Avocado
1 rote Zwiebel
½ Granatapfel
1 Orange
3 EL Olivenöl
Salz
gem. Pfeffer
4 Stängel Pfefferminze

### PRO PORTION:

E: 14 g, F: 46 g, Kh: 39 g, kcal: 627

**1.** Kichererbsen in ein Sieb geben, mit kaltem Wasser abspülen und abtropfen lassen. Limette halbieren und den Saft auspressen.

**2.** Avocado halbieren und den Stein herauslösen. Avocado schälen und in kleine Würfel schneiden, sofort mit dem Limettensaft vermischen.

**3.** Zwiebel abziehen und in feine Scheiben schneiden. Die Granatapfelkerne aus der Frucht lösen und von allen weißen Häuten befreien.

**4.** Die Orange so schälen, dass die weiße Haut mit entfernt wird. Orange in Stücke schneiden.

**5.** Kichererbsen, Avocadowürfel, Zwiebelscheiben, Granatapfelkerne und Orangenstücke mit dem Olivenöl in einer Schüssel vermischen, mit Salz und Pfeffer würzen.

**6.** Pfefferminze abspülen, trocken tupfen und die Blättchen von den Stängeln zupfen. Einige Blättchen zum Garnieren beiseitelegen. Die restlichen Blättchen klein schneiden und unter den Salat geben.

**7.** Den Salat mit den beiseitegelegten Pfefferminzblättchen garnieren und servieren.

## KICHERERBSENSALAT MIT TOMATEN

🕒 Zubereitungszeit: 25 Minuten
✚ Vegan

### ZUTATEN FÜR 4 PORTIONEN

480 g abgetropfte Kichererbsen (aus der Dose)
1 Bund Frühlingszwiebeln
4 Fleischtomaten (je etwa 200 g)

### FÜR DIE SALATSAUCE:

2 Knoblauchzehen
2 TL mittelscharfer Senf
½ TL Zucker
Salz, gem. Pfeffer
2–3 EL Weißweinessig
4 EL Rapsöl

1 Bund glatte Petersilie

### PRO PORTION:

E: 11 g, F: 14 g, Kh: 32 g, kcal: 301

1. Kichererbsen in ein Sieb geben, mit kaltem Wasser abspülen und gut abtropfen lassen. Frühlingszwiebeln putzen, abspülen, abtropfen lassen und in feine Scheiben schneiden.

2. Tomaten abspülen, abtrocknen, halbieren und die Stängelansätze herausschneiden. Tomaten würfeln.

3. Für die Sauce Knoblauch abziehen, klein würfeln, mit Senf, Zucker, Salz, Pfeffer und Essig verrühren. Rapsöl unterschlagen.

4. Kichererbsen, Frühlingszwiebelscheiben und Tomatenwürfel mit der Sauce vermengen.

5. Petersilie abspülen, trocken tupfen und die Blättchen von den Stängeln zupfen. Blättchen klein schneiden. Den Kichererbsensalat in einer Schale oder Schüssel anrichten und mit Petersilie bestreuen.

### TIPP:

Nach Belieben die Tomaten häuten.

NEUE SALATE

# KICHERERBSENSALAT MIT ZUCCHINI UND MINZEJOGHURT

- Zubereitungszeit: 60 Minuten
- Vegetarisch

## ZUTATEN FÜR 6 PORTIONEN

1 ½ kg abgetropfte Kichererbsen (aus der Dose)
etwa 500 g Radieschen
1 ¼ kg Zucchini
2 Köpfe Blattsalate, z. B. Eichblatt-, Frisée- oder Kopfsalat

### FÜR DEN MINZEJOGHURT:

einige Stängel Minze
450 g Joghurt (1,5 % Fett)
6 EL Zitronensaft
3 gestr. TL Harissa (afrikanische Gewürzpaste)
Salz
gem. Pfeffer
½ TL Zucker

### PRO PORTION:

E: 26 g, F: 8 g, Kh: 54 g, kcal: 410

1. Die Kichererbsen in ein Sieb gießen, kurz mit kaltem Wasser abspülen und gut abtropfen lassen.

2. Die Radieschen putzen, abspülen, abtropfen lassen und in dünne Scheiben schneiden.

3. Die Zucchini abspülen, abtrocknen und die Enden abschneiden. Zucchini auf der Haushaltsreibe grob raspeln.

4. Blattsalate putzen. Die Blätter jeweils vom Strunk zupfen, abspülen und abtropfen lassen oder trocken schleudern. Salatblätter in mundgerechte Stücke zupfen.

5. Salatblätter mit Kichererbsen, Radieschenscheiben und Zucchiniraspeln in eine große Salatschüssel geben und vermischen.

6. Für den Minzejoghurt Minze abspülen, trocken tupfen und die Blättchen von den Stängeln zupfen. Blättchen fein schneiden.

7. Den Joghurt mit Minzestreifen, Zitronensaft und Harissa verrühren, mit Salz, Pfeffer und Zucker abschmecken.

8. Die Salatzutaten mit dem Minzejoghurt vermischen oder separat dazureichen.

### BEILAGE:

Fladenbrot.

### TIPPS:

Harissa ist eine Gewürzpaste aus roten Chilischoten. Sie schmeckt feurig-scharf – setzen Sie sie deshalb vorsichtig ein.
Lassen Sie den Blattsalat unbedingt sehr gut abtropfen oder schleudern Sie ihn sehr gut trocken, damit die anderen Gemüsezutaten nicht verwässern.

# KIRSCH-MANGO-COUSCOUS-SALAT

- Zubereitungszeit: 15 Minuten, ohne Abkühlzeit
- Vegetarisch

### ZUTATEN FÜR 1 PORTION

40 g Couscous (Instant)
Salz
100 g Mango-Fruchtfleisch (von ¼ Mango)
1 TL Butter (10 g)
1 TL brauner Zucker (5 g)
etwas gem. Zimt
100 g abgetropfte Sauerkirschen (aus dem Glas)
50 g Vanilla-Quarkcreme (0,2 % Fett, aus dem Kühlregal)

### PRO PORTION:

E: 10 g, F: 10 g, Kh: 73 g, kcal: 424

**1.** Couscous mit Wasser und Salz nach Packungsanleitung zubereiten und ausquellen lassen.

**2.** In der Zwischenzeit Mango-Fruchtfleisch in kleine Stücke schneiden.

**3.** Den gequollenen Couscous mit einer Gabel auflockern und etwas abkühlen lassen.

**4.** Butter in einer beschichteten Pfanne zerlassen. Couscous hinzugeben, unter Rühren anbraten und mit dem Zucker bestreuen. Die Zutaten unter Rühren kurz kross anrösten, 1 Prise Zimt unterrühren und auf einen Teller geben.

**5.** Zunächst die Kirschen in ein verschließbares Glas geben. Anschließend die vorbereiteten Mangostücke daraufgeben.

**6.** Die Quarkcreme gut durchrühren und ebenfalls in das Glas geben. Den Salat mit dem Couscous bestreuen und bis zum Verzehr gut verschlossen in den Kühlschrank stellen.

### TIPPS:

Couscous ist eine Getreide-Spezialität aus der nordafrikanischen Küche. Der vorgegarte, zu feinem Grieß zerriebene Hartweizen kann herzhaft, aber auch süß zubereitet werden.
Sie finden Instant-Couscous (muss nur noch kurz quellen) in Naturkostläden, Reformhäusern und gut sortierten Supermärkten.
Statt der fertigen Vanilla-Quarkcreme können Sie auch mit Vanillemark und zum Beispiel Agavendicksaft (etwa 5 g) abgeschmeckten Magerquark verwenden.

NEUE SALATE

## KOHLRABI-SALAT MIT KNUSPRIGEN SEITAN-STICKS

🕐 Zubereitungszeit: 30 Minuten
  Bratzeit: etwa 2 Minuten
➕ Vegan

### ZUTATEN FÜR 4 PORTIONEN

2 mittelgroße Kohlrabi (etwa 400 g)
3–4 EL Zitronensaft
Zucker
Salz
gem. Pfeffer
3 EL mildes Salatöl, z. B. Sonnenblumen- oder Distelöl
1–2 EL Olivenöl
1–2 große Stiele frische Minze

4 EL Macadamianüsse (ersatzweise z. B. geschälte Mandelkerne)
1 kleine rote Zwiebel
1 reife Mango (etwa 600 g)
300–400 g bratfertig vorbereiteter und gewürzter Seitan (z. B. aus dem Naturkostladen)
2 EL Pflanzenöl zum Braten

### PRO PORTION:

E: 70 g, F: 25 g, Kh: 32 g, kcal: 647

1. Kohlrabi schälen, halbieren oder vierteln und auf einer stabilen, scharfen Küchenreibe in sehr feinen Scheiben direkt in eine verschließbare Kunststoffschüssel hobeln. Zitronensaft, 1 Prise Zucker, Salz, Pfeffer und die Öle verquirlen.

2. Minze abspülen, trocken schütteln und die Blättchen abzupfen. Minze fein scheiden, mit dem Dressing zu den Kohlrabischeiben geben. Dose mit passendem Deckel fest verschließen, Deckel festhalten und die Dose kräftig schütteln. Marinierte Kohlrabischeiben etwa 20 Minuten ziehen lassen.

3. Inzwischen die Nüsse in einer beschichteten Pfanne ohne Fett rösten, auf einen Teller geben und auskühlen lassen.

4. Zwiebel abziehen und in feine Streifen schneiden. Von der Mango das Fruchtfleisch vom Kern schneiden, die Fruchtstücke schälen. Fruchtfleisch in feine Spalten schneiden.

5. Seitan abtropfen lassen, in feine Streifen oder Stücke schneiden. Öl zum Braten in einer beschichteten Pfanne erhitzen. Seitan darin etwa 2 Minuten kurz knusprig braten, auf Küchenpapier abtropfen lassen.

6. Zwiebelstreifen und Mango unter die Kohlrabi mischen. Salat eventuell mit Zitronensaft, Salz und Pfeffer abschmecken. Salat auf Teller verteilen, Nüsse hacken und darüberstreuen. Seitan auf dem Salat anrichten.

### TIPPS:

Statt mit frischer Minze lässt sich der Salat auch mit 1–2 Prisen getrockneter Minze (z. B. aus einem Teebeutel) marinieren.
Alternativ einfach gehackte Petersilie oder Schnittlauchröllchen unter den Salat mischen.

# KRÄUTER-COUSCOUS-SALAT MIT PUTENSPIESSEN

⏱ Zubereitungszeit: 45 Minuten, ohne Abkühl- und Durchziehzeit

## ZUTATEN FÜR 4 PORTIONEN

400 g Putenbrustfilet
2 EL Harissa (afrikanische Gewürzpaste)
½ gestr. TL gem. Zimt

125 g Couscous (Instant)
2 Döschen Safran (0,2 g)
Salz
400 g Tomaten
125 g Frühlingszwiebeln
60 g getrocknete Aprikosen
1 Bund glatte Petersilie
20 frische Minzeblättchen
125 g abgetropfte Kichererbsen (aus der Dose)
1 EL gem. Kreuzkümmel (Cumin)
4 EL Zitronensaft
2 EL Olivenöl

2 EL Speiseöl zum Braten
60 g Joghurt (0,1 % Fett)

### ZUSÄTZLICH:

8 lange Holzspieße

### PRO PORTION:

E: 33 g, F: 11 g, Kh: 44 g, kcal: 416

1. Das Putenbrustfilet mit Küchenpapier abtupfen und in etwa 3 cm große Stücke schneiden. Die Fleischstücke mit Harissa und Zimt gut vermischen. Das Putenbrustfilet zugedeckt im Kühlschrank etwa 1 Stunde marinieren.

2. In der Zwischenzeit Couscous mit Safran mischen. Anschließend mit Salzwasser nach Packungsanleitung zubereiten, in eine große Schüssel geben und erkalten lassen. Couscous mit einer Gabel auflockern.

3. Tomaten abspülen, abtrocknen, halbieren und die Stängelansätze herausschneiden. Tomaten in kleine Würfel schneiden. Frühlingszwiebeln putzen, abspülen, abtropfen lassen und in feine Scheiben schneiden. Aprikosen sehr fein würfeln.

4. Petersilie und Minze abspülen und trocken tupfen. Petersilienblättchen von den Stängeln zupfen. Petersilien- und Minzeblättchen klein schneiden.

5. Tomatenwürfel, Frühlingszwiebeln, Aprikosen, Kräuter und Kichererbsen zu dem Couscous in die Schüssel geben. Die Zutaten gut vermischen. Den Salat mit Kreuzkümmel, Zitronensaft, Olivenöl und Salz würzen, nochmals gut mischen. Den Salat etwa 15 Minuten durchziehen lassen.

6. Die marinierten Putenfleischstücke auf die Holzspieße stecken. Die Spieße mit Salz würzen. Das Speiseöl in einer großen Pfanne erhitzen. Die Putenspieße bei mittlerer Hitze rundherum in etwa 6 Minuten goldbraun braten. Die Putenspieße aus der Pfanne nehmen, mit dem Salat und dem Joghurt anrichten.

### TIPP:

Couscous gibt es zwar überwiegend aus Hartweizengrieß, er wird aber auch aus Hirse- und Gerstengrieß hergestellt.

# KRAUTSALAT

⏱ Zubereitungszeit: 12 Minuten, ohne Durchziehzeit

### ZUTATEN FÜR 4–6 PORTIONEN

500–750 g Weißkohl
150 g Gemüsezwiebeln
½ TL Kümmelsamen
2–3 EL Speiseöl, z. B. Sonnenblumen- oder Rapsöl
75 g Speckwürfel
2–3 EL Weißweinessig
½ TL Selleriesalz
½ TL Salz
¼ TL gem. Pfeffer
½–1 EL Zucker
1 TL ger. Meerrettich (aus dem Glas)

### PRO PORTION:

E: 4 g, F: 8 g, Kh: 8 g, kcal: 120

**1.** Von dem Weißkohl die äußeren Blätter entfernen. Den Kohl vierteln und den Strunk herausschneiden. Den Kohl in feine Streifen schneiden oder hobeln, abspülen und abtropfen lassen. Zwiebeln abziehen und in feine Streifen schneiden. Kohl- und Zwiebelstreifen in eine große Schüssel geben. Kümmel mit einigen Tropfen Speiseöl auf einem Brett grob hacken (Hinweis: Das Öl dient dazu, dass der Kümmel beim Hacken nicht wegspringt).

**2.** Von dem Speiseöl 1 Esslöffel in einer Pfanne erhitzen. Die Speckwürfel darin knusprig braten, herausnehmen, auf Küchenpapier abtropfen lassen.

**3.** Für die Marinade restliches Speiseöl, Essig, Selleriesalz, Salz, Pfeffer, Zucker, Kümmel und Meerrettich in einen Topf geben. Die Zutaten unter Rühren einmal aufkochen.

**4.** Die heiße Marinade über den Weißkohlsalat geben und gut untermischen. Den Salat etwa 1 Stunde durchziehen lassen.

**5.** Den Salat vor dem Servieren mit Salz, Pfeffer, Meerrettich und Zucker abschmecken, mit den Speckwürfeln bestreut servieren.

### TIPPS:

Zum Krautsalat schmeckt gebratener Fleischkäse. Sie können den Salat bereits einen Tag vor dem Verzehr zubereiten.
Wenn Sie den Krautsalat durchkneten, wird er noch weicher und zieht besser durch.
Für einen vegetarischen Krautsalat den Speck weglassen. Dafür 2 Esslöffel Sonnenblumenkerne in einer Pfanne ohne Fett rösten und daraufstreuen.

# KREOLISCHER BRATHÄHNCHEN-SALAT

⏱ Zubereitungszeit: 15 Minuten

### ZUTATEN FÜR 4 PORTIONEN

3 EL geröstete gesalzene Erdnusskerne
100 g Ananas-Fruchtfleisch
(frisch z. B. bereits geschält vom Gemüsehändler oder aus der Obstabteilung gut sortierter Supermärkte; alternativ Dose, Ananasstücke oder Scheiben in fruchteigenem Saft)
1 Fleischtomate

### FÜR DAS DRESSING:

3 EL Asia-Chili-Sauce (aus der Flasche)
2 EL milder Essig
4 EL Olivenöl

150 g servierfertig vorbereiteter Eisbergsalat
(z. B. aus der Salattheke oder Frischebeutel aus der Kühltheke)
250 g Fladenbrot
1 fertig gekauftes Grillhähnchen

### PRO PORTION:

E: 30 g, F: 25 g, Kh: 39 g, kcal: 510

**1.** Erdnusskerne grob hacken. Ananas in feine Stücke schneiden. Tomate abspülen, abtrocknen, halbieren und den Stängelansatz herausschneiden. Tomate in Stücke schneiden.

**2.** Für das Dressing Asiasauce mit Essig in einer Salatschüssel verquirlen und 2 Esslöffel Olivenöl unterschlagen. Erdnüsse, Ananas- und Tomatenstücke untermischen. Salatstreifen zugeben.

**3.** Restliches Öl in einer beschichteten Pfanne erhitzen. Brot in mundgerechte Würfel schneiden. Im heißen Öl unter Wenden knusprig rösten.

**4.** Inzwischen das Fleisch und die knusprige Haut vom Brathähnchen ablösen, evtl. in mundgerechte Stücke zupfen bzw. schneiden.

**5.** Salatzutaten mischen, mit dem Hähnchenfleisch auf 4 Teller verteilen, Brotwürfel darübergeben und servieren.

### TIPPS:

Auch in Tortillafladen eingerollt schmeckt die Hähnchen-Salat-Mischung sehr gut.
Reicht für 4 Personen zum Sattessen und für 6 Personen als Snack.

# KÜRBIS-RÄUCHERTOFU-SALAT MIT GRÜN-KOHL-CHIPS

🕐 Zubereitungszeit: 60 Minuten, ohne Abkühlzeit
Garzeit: 55–65 Minuten
➕ Vegan

**ZUTATEN FÜR 4 PORTIONEN**

etwa 400 g geputzter, grob zerzupfter Grünkohl (300 g netto)
2 EL Pflanzenöl
etwa 1 gestr. TL Salz

1 mittelgroßer Kürbis, z. B. Hokkaido oder Butternut (etwa 1,2 kg brutto)
1 Knoblauchzehe
Salz
gem. Pfeffer
5 EL Olivenöl

200 g Räuchertofu
3 EL Orangensaft (frisch gepresst oder aus der Flasche; Kühlregal)
2 EL Sojasauce
1 TL Agavendicksaft

2 Frühlingszwiebeln

**PRO PORTION:**

E: 10 g, F: 26 g, Kh: 17 g, kcal: 363

**1.** Backofen vorheizen. 1–2 Backbleche mit Backpapier auslegen.
Ober-/Unterhitze: etwa 140 °C
Heißluft: etwa 120 °C (wir empfehlen den Grünkohl bei Heißluft zu garen).

**2.** Grünkohlblättchen von den groben Strünken zupfen. Blättchen gründlich waschen, trocken schleudern und mit Küchenpapier gründlich trocken tupfen. Mit 2 Esslöffeln Öl in einer Schüssel mischen, Salz gleichmäßig darüberstreuen. Blättchen auf den mit Backpapier belegten Backblechen verteilen. Die Bleche mit maximalem Abstand zueinander in den heißen Backofen einschieben (alternativ nacheinander auf einem Blech garen). Grünkohl etwa 25 Minuten knusprig rösten. Grünkohl nach etwa 15 Minuten wenden. Grünkohl-Chips auskühlen lassen.

**3.** Inzwischen den Kürbis halbieren, Kerne und Innenfasern entfernen. Butternutkürbis schälen, Hokkaido-Kürbis nur gründlich waschen und trocken reiben. Kürbis in etwa 2 dicke Spalten schneiden. Knoblauch abziehen. 2 Esslöffel Olivenöl, Salz und Pfeffer verquirlen. Knoblauch durch eine Presse dazu drücken. Kürbis in einer Auflaufform damit mischen.

**4.** Backofentemperatur erhöhen.
Ober-/Unterhitze: etwa 180 °C
Heißluft: etwa 160 °C
Den Kürbis im heißen Ofen 30–40 Minuten weich garen, dabei gelegentlich wenden.

**5.** Räuchertofu in Streifen schneiden. Etwa 15 Minuten vor Ende der Garzeit den Tofu unter die Kürbisspalten mischen und mitrösten.

**6.** Inzwischen Orangensaft, Sojasauce, Salz, Agavendicksaft, Pfeffer und restliches Öl zu einem Dressing verquirlen.

**7.** Heißen Kürbis und Tofu in eine Schüssel geben, mit dem Dressing beträufeln und nach Belieben lauwarm oder vollständig ausgekühlt servieren.

**8.** Frühlingszwiebeln putzen, abspülen, abtropfen lassen und in feine Ringe schneiden. Unter den Kürbis mischen, mit Salz und Pfeffer abschmecken. Kürbis-Salat mit den Grünkohl-Chips auf Tellern anrichten.

VON A–Z

K

# KÜRBIS-ROTE-BETE-SALAT

🕐 Zubereitungszeit: 30 Minuten
✚ Vegan

**ZUTATEN FÜR 4 PORTIONEN**

**FÜR DEN SALAT:**

1 Lollo bionda
300 g Rucola (Rauke)
½ Hokkaido-Kürbis (etwa 300 g)
1 EL Olivenöl
Salz
gem. Pfeffer
4 Rote-Bete-Kugeln (vorgegart, vakuumverpackt)
½ Bio-Salatgurke
1 Mango
½ Granatapfel
4 Frühlingszwiebeln
2 Möhren (etwa 120 g)
16 Cocktailtomaten

**FÜR DAS DRESSING:**

1 EL Ahornsirup
2 EL Limettensaft
6 EL Distelöl
20 g frischer Ingwer

1 EL geröstete Pinienkerne

**PRO PORTION:**

E: 7 g, F: 20 g, Kh: 38 g, kcal: 369

**1.** Für den Salat Lollo bionda putzen, abspülen, gut abtropfen lassen oder trocken schleudern. Salat in kleine Stücke zupfen. Rucola verlesen und dicke Stängel abschneiden. Rucola abspülen, gut abtropfen lassen oder trocken schleudern und evtl. etwas kleiner zupfen.

**2.** Die Kerne des Hokkaido mit einem Esslöffel herausschaben. Den Kürbis abspülen, trocken tupfen und in 1–2 cm dicke Scheiben schneiden. Olivenöl in einer Pfanne erhitzen. Die Kürbisscheiben darin von jeder Seite etwa 5 Minuten braten, dann mit Salz und Pfeffer würzen.

**3.** Die Rote-Bete-Kugeln in Spalten schneiden. Die Salatgurke schälen, längs halbieren und in dünne Scheiben schneiden. Mango halbieren und die Hälften vom Stein lösen. Mangohälften schälen und in etwa ½ cm dicke Scheiben schneiden. Die Kerne mithilfe einer Gabel aus dem Granatapfel herauslösen.

**4.** Frühlingszwiebeln putzen, abspülen, trocken tupfen und in feine Scheiben schneiden. Danach Möhren putzen, schälen, abspülen, abtropfen lassen und in sehr dünne Scheiben hobeln. Die Tomaten abspülen, abtrocknen, halbieren und die Stängelansätze herausschneiden.

**5.** Für das Dressing Ahornsirup mit Limettensaft verschlagen. Distelöl langsam unterschlagen. Ingwer schälen und dazureiben. Das Dressing mit Salz und Pfeffer würzen.

**6.** Alle vorbereiteten Salatzutaten am besten auf einem Backblech mischen und mit Salz und Pfeffer würzen. Das Dressing hinzugeben und untermischen. Den Kürbis-Rote-Bete-Salat auf Tellern verteilen und mit Pinienkernen bestreut servieren.

## KÜRBISSALAT MIT HARISSA UND MINZE, SCHARF

- Zubereitungszeit: 45 Minuten, ohne Durchziehzeit
- Vegetarisch

### ZUTATEN FÜR 4 PORTIONEN

**FÜR DIE VINAIGRETTE:**

1 Bio-Orange (unbehandelt, ungewachst)
1 Orange
50 g getrocknete Soft-Feigen
1–2 EL Harissa (afrikanische Gewürzpaste, ersatzweise Cayennepfeffer)
5 EL flüssiger Honig, z. B. Akazienhonig
200 ml Orangensaft (von den Orangen)
5 EL Zitronensaft
Salz
9 EL Olivenöl
1,2 kg Hokkaido-Kürbis
250–300 ml Wasser

**FÜR DEN WALNUSS-JOGHURT:**

4 Frühlingszwiebeln (etwa 80 g)
60 g Walnusskerne
6 Stängel Dill
500 g griechischer Sahnejoghurt (10 % Fett)

4 Stängel glatte Petersilie
2 Stängel Minze

**PRO PORTION:**

E: 11 g, F: 48 g, Kh: 51 g, kcal: 682

**1.** Für die Vinaigrette die Bio-Orange heiß abwaschen, abtrocknen und ein Achtel der Schale mit einem Zestenreißer abziehen. Beide Orangen halbieren, den Saft auspressen und 200 ml Saft abmessen. Die Feigen in kleine Würfel schneiden, mit Harissa, Honig, Orangensaft, -schale, Zitronensaft und Salz verrühren. 6 Esslöffel Olivenöl unterschlagen.

**2.** Kürbis abspülen, abtropfen lassen, halbieren und die Kerne mit einem Löffel herausschaben. Kürbis mit der Schale zuerst in etwa 2 cm breite Scheiben, dann in Würfel schneiden. Restliches Olivenöl in einer weiten Pfanne erhitzen. Kürbiswürfel darin bei starker Hitze etwa 4 Minuten von allen Seiten leicht anbraten. Mit Wasser ablöschen und ganz einkochen lassen, bis die Kürbiswürfel gar, aber noch ein wenig bissfest sind. Die Pfanne von der Kochstelle nehmen. Die Vinaigrette untermischen. Die Pfanne mit einem Deckel verschließen. Die Kürbiswürfel mindestens 30 Minuten durchziehen lassen.

**3.** Für den Walnuss-Joghurt die Frühlingszwiebeln putzen, abspülen, abtropfen lassen und in feine Scheiben schneiden. Die Walnusskerne grob hacken. Dill abspülen, trocken tupfen und die Spitzen von den Stängeln zupfen. Spitzen fein schneiden. Joghurt mit Frühlingszwiebelscheiben, Walnusskernen und Dill verrühren, mit Salz würzen.

**4.** Petersilie und Minze abspülen, trocken tupfen und die Blättchen von den Stängeln zupfen, Blättchen grob zerschneiden und unter den Kürbissalat mischen. Den Kürbissalat mit dem Walnuss-Joghurt anrichten und servieren.

**BEILAGE:**

Baguettescheiben.

VON A–Z

NEUE SALATE

# LINSEN-APFEL-SALAT

🕐 Zubereitungszeit: 20 Minuten,
ohne Abkühl- und Durchziehzeit
✚ Vegan

## ZUTATEN FÜR 4 PORTIONEN

50 g Belugalinsen
50 g rote Linsen
50 g gelbe Linsen
600 ml ungesalzene vegane Gemüsebrühe
1–2 Möhren (etwa 100 g)
etwa 100 g Knollensellerie
1 Zwiebel (etwa 100 g)
2 EL Traubenkern- oder Olivenöl
Salz
gem. Pfeffer
2 Äpfel, süßsauer, z. B. Cox Orange
1 kleines Bund glatte Petersilie

## FÜR DIE MARINADE:

4 EL weißer Balsamico-Essig oder Apfelessig
abger. Schale und Saft von 1 Bio-Zitrone
 (unbehandelt, ungewachst)
1 Prise Voll-Rohrzucker
 oder 1 EL Agavendicksaft
4 EL Apfelsaft
2 EL Traubenkern- oder Olivenöl

## PRO PORTION:

E: 11 g, F: 11 g, Kh: 35 g, kcal: 286

**1.** Die Linsen mit der Gemüsebrühe in einem Topf nach Packungsanleitung gar kochen. Die gegarten Linsen in einem Sieb abtropfen und erkalten lassen.

**2.** Möhren und Sellerie putzen, schälen, abspülen, abtropfen lassen und jeweils in kleine Würfel schneiden. Zwiebel abziehen und ebenfalls klein würfeln.

**3.** Traubenkern- oder Olivenöl in einer Pfanne erhitzen. Die Zwiebelwürfel darin andünsten, Möhren- und Selleriewürfel hinzugeben und 3–4 Minuten mitdünsten lassen. Mit Salz und Pfeffer würzen. Gemüsewürfel erkalten lassen.

**4.** Äpfel schälen, vierteln, entkernen und in erbsengroße Würfel schneiden. Die Petersilie abspülen, trocken tupfen und die Blättchen von den Stängeln zupfen, Blättchen klein schneiden.

**5.** Apfelwürfel und Petersilie in eine Schüssel geben. Linsen und die Gemüsewürfel hinzugeben und untermischen.

**6.** Für die Marinade Essig mit Zitronenschale, -saft, Salz, Pfeffer, Rohrzucker oder Agavendicksaft und Apfelsaft verrühren, Traubenkern- oder Olivenöl unterschlagen.

**7.** Die Marinade über den Linsensalat geben und vorsichtig unterheben. Den Salat etwa 30 Minuten durchziehen lassen. Vor dem Servieren nochmals mit den Gewürzen abschmecken.

## TIPP:

Versuchen Sie diesen Salat im Sommer einmal mit klein gewürfelten geschälten Nektarinen und Basilikum statt mit Äpfeln und Petersilie.

# LINSENSALAT, BUNT

⏱ Zubereitungszeit: 25 Minuten,
ohne Abkühlzeit- und Durchziehzeit
Garzeit: etwa 30 Minuten
✚ Vegan

## ZUTATEN FÜR 2 PORTIONEN

120 g Pardina-Linsen
(kleine, amerikanische Linsen)
2 Schalotten
1 Knoblauchzehe
2 EL Olivenöl
600 ml vegane Gemüsebrühe
½ Möhre (etwa 50 g)
50 g Knollensellerie
2 Bio-Orangen (unbehandelt, ungewachst)
3–4 Stängel Basilikum
2 EL Apfelessig
Salz
gem. Pfeffer
Voll-Rohrzucker
1 Tomate (etwa 100 g)

## PRO PORTION:

E: 17 g, F: 12 g, Kh: 45 g, kcal: 360

**1.** Die Linsen in ein Sieb geben, mit kaltem Wasser abspülen und abtropfen lassen. Schalotten und Knoblauch abziehen, fein würfeln.

**2.** Olivenöl in einem Topf erhitzen. Schalotten- und Knoblauchwürfel darin andünsten. Linsen hinzugeben und kurz mitdünsten. Gemüsebrühe hinzugießen. Die Zutaten zum Kochen bringen und zugedeckt etwa 20 Minuten kochen lassen.

**3.** In der Zwischenzeit Möhre putzen. Möhre und Sellerie schälen, abspülen, abtropfen lassen und fein würfeln. Die Möhren- und Selleriewürfel zu den Linsen geben, unterrühren und alle Zutaten weitere etwa 10 Minuten garen. Das Linsengemüse in ein Sieb geben, mit kaltem Wasser abspülen, abtropfen und abkühlen lassen.

**4.** Inzwischen 1 Orange heiß abwaschen, abtrocknen und etwa 1 Esslöffel von der Schale fein abreiben. Beide Orangen halbieren und den Saft auspressen.

**5.** Basilikum abspülen, trocken tupfen und die Blättchen von den Stängeln zupfen. Einige Blättchen zum Garnieren beiseitelegen. Restliche Blättchen in feine Streifen schneiden. Das Linsengemüse in eine Schüssel geben.

**6.** Essig mit Orangenschale, -saft, Salz, Pfeffer und etwas Zucker verrühren. Die Sauce zu dem Linsengemüse geben. Basilikumstreifen vorsichtig unterheben. Den Linsensalat etwa 15 Minuten durchziehen lassen.

**7.** In der Zwischenzeit die Tomate abspülen, abtrocknen, vierteln und dabei die Stängelansätze herausschneiden. Tomatenviertel evtl. entkernen und klein würfeln.

**8.** Den Linsensalat mit den Tomatenwürfeln und den beiseitegelegten Basilikumblättchen garnieren.

## TIPP:

Mit gerösteten Baguettescheiben ist dieser Salat eine vollständige Mahlzeit.

NEUE SALATE

## LÖWENZAHNSALAT MIT CROÛTONS, GEHACKTEN EIERN UND RADIESCHEN

⏱ Zubereitungszeit: 35 Minuten
✚ Vegetarisch

### ZUTATEN FÜR 4 PORTIONEN

4 hart gekochte Eier
400 g gelber Löwenzahn
200 g Feldsalat
4 Scheiben Toastbrot
8 EL Butter
Salz
gem. Pfeffer

### FÜR DAS DRESSING:

4 gekochte Pellkartoffeln, vom Vortag
8 EL Weißweinessig
1 TL mittelscharfer Senf
4 EL Sonnenblumenöl
100 g Schlagsahne
Zucker

16 Radieschen
8 Stängel Kerbel

### PRO PORTION:

E: 16 g, F: 50 g, Kh: 40 g, kcal: 681

---

**1.** Die Eier pellen. Eiweiß und Eigelb getrennt klein hacken.

**2.** Löwenzahn putzen, gründlich waschen und trocken schleudern. Feldsalat verlesen und die Wurzelenden abschneiden. Feldsalat gründlich waschen und trocken schleudern.

**3.** Toastbrotscheiben entrinden und in gleich große Würfel schneiden. Butter in einer Pfanne zerlassen. Die Brotwürfel darin von allen Seiten goldgelb braten. Mit Salz und Pfeffer würzen. Brotwürfel aus der Pfanne nehmen und auf Küchenpapier abtropfen lassen.

**4.** Für das Dressing die Kartoffeln pellen, auf einer Haushaltsreibe fein reiben und mit dem Essig zu einer glatten Masse verrühren. Senf, Sonnenblumenöl und Sahne unterrühren. Mit Salz, Pfeffer und Zucker würzen.

**5.** Die vorbereiteten Löwenzahnblätter und den Feldsalat in einer Schüssel mit dem Dressing vermischen und auf Tellern anrichten. Croûtons und die gehackten Eier darauf verteilen.

**6.** Die Radieschen putzen, abspülen, trocken tupfen, dünn hobeln und dekorativ an den Salat legen. Kerbel abspülen, trocken tupfen und die Blättchen von den Stängeln zupfen. Den Löwenzahnsalat mit den Kerbelblättchen garnieren.

### TIPPS:

Löwenzahn bekommen Sie meist nur im Frühjahr und in den Sommermonaten. Das restliche Jahr über versuchen Sie diesen Salat doch einmal mit einer anderen bitteren Salatsorte, z. B. mit Chicorée oder mit Radicchio.
Anstelle der Radieschen können Sie auch Rettichscheiben und zusätzlich Kresse statt Kerbel verwenden.

## MANGO-PAPAYA-SALAT MIT KORIANDER UND CASHEWKERNEN

⏱ Zubereitungszeit: 25 Minuten

### ZUTATEN FÜR 4 PORTIONEN

2 reife Mangos
2 Papayas
2 rotschalige Äpfel

### FÜR DAS DRESSING:

4 kleine rote Zwiebeln
2 rote Chilischoten
2 Bio-Limetten (unbehandelt, ungewachst)
4 EL brauner Zucker
200 ml Orangensaft
4 EL Sesamöl
4 EL asiatische Fischsauce, Salz

10 Stängel Koriander
8 EL Cashewkerne
8 EL Röstzwiebeln

**PRO PORTION:**

E: 12 g, F: 35 g, Kh: 82 g, kcal: 702

**1.** Von den Mangos das Fruchtfleisch jeweils vom Stein schneiden. Papayas halbieren und die Kerne mit einem Löffel herauslösen. Papayas schälen. Die Äpfel abspülen, abtrocknen, halbieren und entkernen. Mangos, Papayas und Apfelhälften mit Schale in gleich lange Stäbe (Stifte) schneiden.

**2.** Für das Dressing die Zwiebeln abziehen und in kleine Würfel schneiden. Chilischoten abspülen, trocken tupfen, entstielen und in sehr feine Ringe schneiden. Die Limetten heiß abwaschen, abtrocknen und die Schale abreiben. Limetten halbieren und den Saft auspressen.

**3.** Limettenschale, -saft, braunen Zucker, Orangensaft, Sesamöl und Fischsauce mit einem Schneebesen verschlagen, mit Salz würzen. Zwiebelwürfel und Chiliringe unterrühren.

**4.** Die vorbereiteten Fruchtstäbe (-stifte) in eine Schüssel geben und mit dem Dressing vorsichtig vermischen.

**5.** Koriander abspülen, trocken tupfen (4 Stängel beiseitelegen) und die Blättchen von den Stängeln zupfen. Blättchen in grobe Streifen schneiden. Die Cashewkerne fein hacken.

**6.** Den Mango-Papaya-Salat auf einer Platte anrichten. Mit Korianderstreifen, Cashewkernen und Röstzwiebeln bestreuen. Mit den beiseitegelegten Korianderstängeln garnieren.

## MATJESSALAT
(REZEPT OHNE FOTO)

⏱ Zubereitungszeit: 30 Minuten, ohne Durchziehzeit

**ZUTATEN FÜR 4 PORTIONEN**

8 Matjesfilets
3 mittelgroße Zwiebeln
3–4 Gewürzgurken
etwa 125 g frisch gedünstete Champignonscheiben oder aus dem Glas

**FÜR DIE SALATSAUCE:**

150 g Crème fraîche
150 g Vollmilchjoghurt
2 TL ger. Meerrettich (aus dem Glas)

Salatblätter

**PRO PORTION:**

E: 16 g, F: 28 g, Kh: 6 g, kcal: 362

**1.** Matjesfilets unter fließendem kalten Wasser abspülen, eventuell entgräten und in 3–4 cm große Stücke schneiden.

**2.** Die Zwiebeln abziehen, zuerst in Scheiben schneiden, dann in Ringe teilen. Gewürzgurken in Scheiben schneiden. Champignonscheiben abtropfen lassen. Die vorbereiteten Salatzutaten in einer Schüssel mischen.

**3.** Für die Salatsauce Crème fraîche mit Joghurt und Meerrettich verrühren.

**4.** Den Salat in Schälchen verteilen und jeweils einen Klecks der Salatsauce daraufgeben.

**5.** Salatblätter abspülen und trocken tupfen. Den Salat mit Salatblättern anrichten. Die restliche Sauce dazureichen.

## MEDITERRANER QUINOA-SALAT

- Zubereitungszeit: 40 Minuten, ohne Abkühlzeit
  Garzeit: etwa 20 Minuten
- Vegetarisch
- Glutenfrei

**ZUTATEN FÜR 4 PORTIONEN**

250 ml Gemüsebrühe
125 g Quinoa (hell, dunkel oder gemischt)

**FÜR DAS DRESSING:**

2 Frühlingszwiebeln
4–5 EL milder Essig,
 z. B. Weißweinessig
Salz, gem. Pfeffer
1 TL mittelscharfer Senf
1 TL Honig
5 EL Olivenöl
2–3 TL getrockneter Thymian
2 große rote Paprikaschoten
2 Knoblauchzehen
6 kleine Tomaten, z. B. Flaschentomaten
2 mittelgroße Zucchini
1 Zitrone

**PRO PORTION:**

E: 9 g, F: 16 g, Kh: 109 g, kcal: 296

---

**1.** Den Backofen vorheizen. Ein Backblech mit Backpapier auslegen.
Ober-/Unterhitze: etwa 220 °C
Heißluft: etwa 200 °C

**2.** Gemüsebrühe in einen Topf geben und zum Kochen bringen. Quinoa in ein feines Sieb geben, gründlich mit heißem Wasser abspülen, abtropfen lassen. Quinoa unter Rühren in die kochende Brühe streuen. etwa 20 Minuten zugedeckt sanft garen. Auf der ausgeschalteten Herdplatte etwa 5 Minuten nachquellen lassen.

**3.** Für das Dressing Frühlingszwiebeln putzen, abspülen, abtropfen lassen und in feine Scheiben schneiden. Essig, Salz, Pfeffer, Senf, Honig und 2 Esslöffel Öl verquirlen. Frühlingszwiebeln und 1 Teelöffel Thymian untermischen. Quinoa abtropfen lassen und mit dem Dressing mischen. Etwas abkühlen lassen.

**4.** Paprika halbieren, entstielen, entkernen und weiße Scheidewände entfernen. Paprikahälften abspülen, trocken tupfen und mit den Hautseiten nach oben auf dem Blech verteilen. Die Paprika 3–4 Minuten rösten, bis die Schalen dunkel werden und anfangen Blasen zu werfen.

**5.** Inzwischen 1 Knoblauchzehe abziehen, in feine Würfel schneiden. Tomaten abspülen, trocken reiben und halbieren. 2 Esslöffel Öl, Pfeffer, Knoblauch und übrigen Thymian mischen. Paprikahälften vom Blech nehmen, mit angefeuchtetem Küchenpapier bedeckt etwas abkühlen lassen.

**6.** Die Backofentemperatur reduzieren.
Ober-/Unterhitze: etwa 180 °C
Heißluft: etwa 160 °C

**7.** Tomaten mit den Schnittflächen nach oben auf dem Blech verteilen. Salz darüberstreuen und mit der Ölmischung beträufeln. Tomaten im Backofen etwa 15 Minuten rösten.

**8.** Inzwischen von den Paprikahälften die Häute abziehen. Paprika in Stücke schneiden.

**9.** Zucchini putzen, abspülen, trocken reiben und längs in sehr feine Scheiben hobeln. Zitrone auspressen. 2–3 EL Zitronensaft, Salz, Pfeffer und restliches Öl verquirlen, Zucchinischeiben damit marinieren. Restlichen Knoblauch abziehen, hacken und unter die Zucchini mischen. Tomaten aus dem Ofen nehmen, etwas abkühlen lassen.

**10.** Quinoa-Salat nochmals mit Salz, Pfeffer und evtl. etwas Zitronensaft abschmecken, Paprika und Zucchini untermischen. Salat mit den Schmortomaten anrichten.

**TIPP:**

Wenn Sie diesen Salat für ein Buffet oder Gäste zubereiten, können Sie dazu noch Kräuter- Garnelen-Spieße reichen:
Dazu pro Person etwa 6 mittelgroße Garnelen (frisch roh, oder roh aufgetaut) kalt abspülen, trocken tupfen und je 3 Garnelen auf Holzspieße stecken. Etwas Öl in einer beschichteten Pfanne erhitzen, die Garnelenspieße darin je Seite ½ bis 1 Minute anbraten. 1 Knoblauchzehe abziehen, fein würfeln und darüberstreuen. Mit Salz, Pfeffer und etwa Limettensaft würzen. Nach Belieben zusätzlich in gehackten, gemischten Kräutern wenden und zum Salat servieren.

## MELONEN-SPINAT-SALAT MIT ZIEGENQUARK

🕐 Zubereitungszeit: 45 Minuten
➕ Vegetarisch

**ZUTATEN FÜR 6 PORTIONEN**

75 g Mandeln (mit Haut)
1 EL brauner Zucker

1750 g möglichst kernlose Wassermelone
1 rote Zwiebel (etwa 50 g)
100 g Babyspinat
250 g Ziegenquark
Salz
gem. Pfeffer
3 EL Olivenöl

**PRO PORTION:**

E: 8 g, F: 17 g, Kh: 16 g, kcal: 198

**1.** Die Mandeln in einer Pfanne ohne Fett unter gelegentlichem Rühren anrösten. Den Zucker daraufstreuen und die Mandeln kurz durchschwenken. Die karamellisierten Mandeln auf ein Stück Backpapier geben und erkalten lassen.

**2.** In der Zwischenzeit Melone vierteln und jeweils die Schale abschneiden. Melonenfruchtfleisch in etwa 3 cm dicke Würfel schneiden und auf einer großen Platte verteilen. Melonenwürfel zugedeckt in den Kühlschrank stellen.

**3.** Zwiebel abziehen und in feine Streifen schneiden. Spinat verlesen, gründlich waschen, gut abtropfen lassen oder trocken schleudern. Die Mandeln grob hacken.

**4.** Den Spinat auf den Melonenwürfeln verteilen. Den Ziegenquark kleckseweise darauf verteilen. Zwiebelstreifen und gehackte Mandeln daraufstreuen. Salat mit Salz und Pfeffer bestreuen, mit Olivenöl beträufeln und sofort servieren.

# MINI-NUDEL-SALAT

⏱ Zubereitungszeit: 30 Minuten
✛ Vegetarisch

### ZUTATEN FÜR 2 PORTIONEN

250 g Mini-Nudeln, z. B. Penne oder Farfalle
Salz
90 g abgetropfte getrocknete Tomaten, in Öl (aus dem Glas)
80 g abgetropfte schwarze Oliven, ohne Stein
1 Knoblauchzehe
1 EL Tomatenmark
2 EL kaltes Wasser
1 EL Balsamico-Essig
gem. Pfeffer
2 EL Olivenöl
einige Basilikumblättchen
30 g Parmesan, im Stück

### PRO PORTION:

E: 26 g, F: 26 g, Kh: 103 g, kcal: 764

**1.** Die Mini-Nudeln in kochendem Salzwasser nach Packungsanleitung bissfest kochen, dabei gelegentlich umrühren.

**2.** Anschließend die Nudeln in ein Sieb geben, mit kaltem Wasser abspülen, abtropfen lassen und in eine Schüssel geben.

**3.** Die Tomaten in feine Streifen und die Oliven in Ringe schneiden. Die Tomatenstreifen und Olivenringe unter die Nudeln mischen. Knoblauch abziehen und durch eine Knoblauchpresse drücken oder fein würfeln.

**4.** Knoblauch mit Tomatenmark, Wasser und Essig verrühren, mit Salz und Pfeffer würzen. Olivenöl unterschlagen. Die Sauce unter die Nudeln heben.

**5.** Basilikumblättchen abspülen, trocken tupfen und klein schneiden. Den Parmesan mit einem Sparschäler dünn hobeln. Den Salat mit Basilikum und Parmesan bestreut servieren.

### TIPPS:

Für den Salat eignen sich auch andere Nudelsorten wie z. B. Makkaroni-Chips, Hörnchen oder Muschelnudeln.
Besonders hübsch lässt sich der Nudelsalat in kleinen Gläsern anrichten.
Soll der Nudelsalat als Beilage gereicht werden, reicht die Menge für 4 Portionen.
Noch würziger wird der Salat, wenn das Olivenöl durch Tomatenöl ersetzt wird. Dafür das Tomatenöl beim Abtropfen der Tomaten auffangen.

NEUE SALATE

# MITTELMEER-SALAT

⏱ Zubereitungszeit: 30 Minuten, ohne Abkühl- und Durchziehzeit
✚ Vegan

**ZUTATEN FÜR 4 PORTIONEN**

200 g Bulgur
400 ml vegane Gemüsebrühe
3 Fleischtomaten (je etwa 275 g)
300 g Zucchini
3 gelbe Spitzpaprika (etwa 300 g, ersatzweise 2 kleine gelbe Paprikaschoten)

**FÜR DIE SALATSAUCE:**

1 milde rote Peperoni
50 ml Zitronensaft
50 ml Olivenöl
Salz
gem. Pfeffer
Paprikapulver rosenscharf

einige Stängel Petersilie und Thymian

**PRO PORTION:**

E: 11 g, F: 14 g, Kh: 41 g, kcal: 336

**1.** Bulgur mit der Gemüsebrühe in einem Topf nach Packungsanleitung zubereiten. Den gegarten Bulgur in eine große Schüssel füllen und abkühlen lassen.

**2.** In der Zwischenzeit die Fleischtomaten kreuzweise einschneiden und mit kochendem Wasser übergießen. Nach 1–2 Minuten herausnehmen und mit kaltem Wasser abschrecken.

**3.** Die Tomaten häuten, halbieren und die Stängelansätze herausschneiden. Tomaten entkernen und das Fruchtfleisch in kleine Stücke schneiden.

**4.** Die Zucchini abspülen, abtrocknen und die Enden abschneiden. Die Zucchini in kleine Würfel schneiden. Spitzpaprika halbieren, entstielen, entkernen und die weißen Scheidewände entfernen. Schoten abspülen, abtropfen lassen und in Stücke schneiden.

**5.** Den Bulgur mit 2 Gabeln etwas auflockern. Tomatenstücke, Zucchiniwürfel und Paprikastücke unterheben.

**6.** Für die Salatsauce die Peperoni entstielen, längs aufschneiden, entkernen und die Scheidewände entfernen. Schote abspülen, trocken tupfen und in Streifen schneiden.

**7.** Die Peperonistreifen mit etwa 50 ml vom Zitronensaft verrühren, das Olivenöl unterschlagen. Die Sauce mit Salz, Pfeffer und Paprika würzen.

**8.** Die Sauce mit den vorbereiteten Salatzutaten vermengen. Den Salat zugedeckt etwa 30 Minuten durchziehen lassen.

**9.** Petersilie und Thymian abspülen, trocken tupfen und die Blättchen von den Stängeln zupfen. Blättchen klein schneiden und unter den Salat heben.

**10.** Den Salat vor dem Servieren nochmals durchmischen, evtl. mit restlichem Zitronensaft und den Gewürzen abschmecken und servieren.

**TIPPS:**

Für ein intensiveres Aroma können Sie die klein geschnittenen Kräuter auch am Anfang mit den restlichen Salatzutaten zum Bulgur geben.
Der Mittelmeer-Salat ist bestens zum Mitnehmen geeignet.
Wenn Sie es herzhafter mögen, geben Sie zusätzlich 2–3 Knoblauchzehen und 1 Gemüsezwiebel (beides abgezogen und fein gehackt) mit dem Gemüse zum Bulgur.
Der Salat kann bis einschließlich Punkt 7 zubereitet werden und 2–3 Stunden zugedeckt im Kühlschrank durchziehen.

## NIZZA-SALAT

● Zubereitungszeit: 45 Minuten

**ZUTATEN FÜR 4 PORTIONEN**

250 g kleine grüne Bohnen
Salz
500 g Tomaten
1 rote Paprikaschote (200 g)
2 Schalotten oder
　1 rote Zwiebel
1 Salatgurke (500 g)
4 hart gekochte Eier
4 Sardellenfilets
　(in Salz eingelegt, etwa 20 g)
100 g schwarze Oliven
1 Dose Thunfisch naturell
　(Abtropfgewicht 150 g )

**FÜR DIE SALATSAUCE:**

3–4 EL Weißweinessig
frisch gem. Pfeffer
3 EL Olivenöl

**PRO PORTION:**

E: 20 g, F: 29 g, Kh: 11 g, kcal: 390

**1.** Von den Bohnen die Enden abschneiden und die Bohnen evtl. abfädeln. Bohnen abspülen und abtropfen lassen. Salzwasser in einem Topf zum Kochen bringen und die Bohnen darin 6–8 Minuten garen. Dann die Bohnen in ein Sieb geben, mit kaltem Wasser abschrecken und abtropfen lassen.

**2.** Tomaten kreuzweise einschneiden und mit kochendem Wasser übergießen. Nach 1–2 Minuten herausnehmen und mit kaltem Wasser abschrecken. Die Tomaten häuten, vierteln und die Stängelansätze herausschneiden. Tomaten entkernen.

**3.** Paprikaschote halbieren, entstielen, entkernen und die weißen Scheidewände entfernen. Die Schote abspülen, abtropfen lassen und in dünne Streifen schneiden. Schalotten oder Zwiebel abziehen und in Scheiben schneiden, dann in Ringe teilen.

**4.** Salatgurke schälen. Die Enden abschneiden. Gurke in Scheiben schneiden. Eier schälen und sechsteln. Die Sardellenfilets mit kaltem Wasser abspülen, trocken tupfen, halbieren und aufrollen. Oliven und Tunfisch in je einem Sieb abtropfen lassen. Die Salatzutaten portionsweise auf 4 Tellern anrichten.

**5.** Für die Salatsauce Essig mit Salz und Pfeffer verrühren, Olivenöl unterschlagen. Die Salatsauce auf die angerichteten Salatportionen träufeln.

# NUDEL-FLEISCHWURST-SALAT

⏱ Zubereitungszeit: 35 Minuten, ohne Durchzieh- und Abkühlzeit

**ZUTATEN FÜR 4 PORTIONEN**

125 g kleine Hörnchennudeln
400 g Fleischwurst
1 große Zwiebel
½ Stange Lauch
2 große säuerliche Äpfel
2 Fleischtomaten

**FÜR DIE SAUCE:**

3–4 EL Weißweinessig
Salz
gem. Pfeffer
1 TL ger. Meerrettich (aus dem Glas)
6 EL Speiseöl, z. B. Sonnenblumenöl

2 EL fein geschnittene Schnittlauchröllchen
einige vorbereitete Salatblätter
Tomatenachtel
etwas vorbereitete Petersilie

**PRO PORTION:**

E: 17 g, F: 40 g, Kh: 34 g, kcal: 567

**1.** Wasser in einem großen Topf mit geschlossenem Deckel zu Kochen bringen. Dann Salz und Nudeln zugeben. Die Nudeln im geöffneten Topf bei mittlerer Hitze nach Packungsanleitung kochen lassen, dabei 4–5-mal umrühren.

**2.** Die Nudeln auf ein Sieb geben, mit heißem Wasser abspülen und abtropfen lassen.

**3.** Von der Fleischwurst die Haut abziehen. Fleischwurst zuerst in Scheiben, anschließend in Streifen schneiden. Zwiebel abziehen und in Scheiben schneiden. Lauch putzen, waschen, in Scheiben schneiden und gut abtropfen lassen. Äpfel waschen, abtrocknen, nach Belieben schälen, vierteln, entkernen und in kleine Stücke schneiden. Tomaten waschen, abtropfen lassen, vierteln, entkernen und die Stängelansätze entfernen. Tomaten in Würfel schneiden. Die vorbereiteten Salatzutaten in einer Schüssel mischen.

**4.** Für die Sauce Essig mit Salz, Pfeffer und Meerrettich verrühren. Speiseöl unterschlagen. Die Sauce mit den Salatzutaten vermengen. Schnittlauchröllchen unterrühren. Den Salat kalt stellen und einige Zeit durchziehen lassen. Nochmals mit den Gewürzen abschmecken.

**5.** Den Salat auf einer großen, mit Salatblättern ausgelegten Platte anrichten. Mit Tomatenachteln und Petersilie garnieren.

**REZEPTVARIANTE:**

Sie können den Salat statt mit der Salatsauce auch mit einer Joghurt-Mayonnaise, 3–4 hart gekochten Eiern und 3–4 Radieschen zubereiten. Dafür 2 Esslöffel Salatmayonnaise mit 150 g Joghurt und 1 Teelöffel mittelscharfen Senf verrühren. Mit Salz, Pfeffer und Zucker abschmecken. Eier pellen und zusammen mit den Radieschen in Würfel schneiden. Mit der Joghurt-Mayonnaise unter den Salat heben.

## NUDELSALAT MIT DILLGURKEN

🕐 Zubereitungszeit: 45 Minuten, ohne Durchziehzeit

### ZUTATEN FÜR 4 PORTIONEN

200 g Nudeln, z. B. Makkaroni
½ gebratenes Hähnchen (400–500 g)
etwa 250 g Staudensellerie
etwa 200 g Dillgurken (aus dem Glas)

### FÜR DIE SALATSAUCE:

2 EL Crème fraîche
2 EL Joghurt (3,5 % Fett)
1 EL Weißweinessig
1–2 EL Dillgurkenflüssigkeit
   (aus dem Glas)
Salz
frisch gem. Pfeffer
Zucker

1–2 Stängel Dill

### PRO PORTION:

E: 27 g, F: 14 g, Kh: 38 g, kcal: 391

**1.** Makkaroni in etwa 2 cm lange Stücke brechen. Wasser in einem großen Topf zugedeckt zum Kochen bringen. Dann Salz und Nudeln zugeben. Die Nudeln im geöffneten Topf bei mittlerer Hitze nach Packungsanleitung bissfest kochen, dabei gelegentlich umrühren.

**2.** Die Nudeln in ein Sieb geben, mit heißem Wasser abspülen und abtropfen lassen.

**3.** Hähnchenfleisch von den Knochen lösen. Die Haut entfernen. Das Fleisch in Stücke schneiden. Sellerie putzen und die harten Außenfäden abziehen. Sellerie abspülen, abtropfen lassen und in dünne Scheiben schneiden.

**4.** Dillgurken in einem Sieb abtropfen lassen, dabei die Gurkenflüssigkeit auffangen, abmessen und 2 Esslöffel davon beiseitestellen. Gurken ebenfalls in dünne Scheiben schneiden.

**5.** Für die Sauce Crème fraîche mit Joghurt, Essig und Gurkenflüssigkeit verrühren. Sauce mit Salz, Pfeffer und Zucker abschmecken.

**6.** Die vorbereiteten Salatzutaten mit der Sauce in einer Schüssel mischen. Den Salat gut durchziehen lassen.

**7.** Dill abspülen, trocken tupfen und die Spitzen von den Stängeln zupfen. Dillspitzen fein schneiden.

**8.** Vor dem Servieren den Salat mit Salz, Pfeffer und Zucker abschmecken. Dill unterheben.

## NUDELSALAT MIT GEMÜSE

🕐 Zubereitungszeit: 60 Minuten
➕ Vegetarisch

### ZUTATEN FÜR 4 PORTIONEN

250 g kleinere Nudeln, z. B. Mini-Penne, Trulli oder Farfalle
30 g Pinienkerne
350 g Brokkoli
2 Frühlingszwiebeln
4 kleine Tomaten (etwa 300 g)
1 kleiner Topf Basilikum
80 g Babyspinat
4–5 EL Olivenöl
Salz
gem. Pfeffer
25 g frisch gehobelter oder geraspelter Parmesan

### PRO PORTION:

E: 15 g, F: 18 g, Kh: 49 g, kcal: 434

**1.** Die Nudeln in kochendem Salzwasser nach Packungsanleitung bissfest kochen, dabei gelegentlich umrühren. Anschließend die Nudeln in ein Sieb geben, mit kaltem Wasser abspülen und abtropfen lassen.

**2.** In der Zwischenzeit die Pinienkerne in einer Pfanne ohne Fett unter Rühren goldbraun rösten. Die Pinienkerne auf einen Teller geben.

**3.** Vom Brokkoli die Blätter entfernen und die Röschen abschneiden. Den Strunk schälen, in Scheiben schneiden, mit den Röschen abspülen und abtropfen lassen. Die Brokkoliröschen mit den Brokkolischeiben in kochendem Salzwasser in etwa 5 Minuten bissfest garen. Anschließend Brokkoli in ein Sieb geben, mit kaltem Wasser abspülen und abtropfen lassen.

**4.** Die Frühlingszwiebeln putzen, abspülen, abtropfen lassen und in feine Scheiben schneiden. Die Tomaten abspülen, abtrocknen und vierteln, dabei die Stängelansätze herausschneiden. Tomatenviertel entkernen und in kleine Würfel schneiden.

**5.** Basilikum abspülen, trocken tupfen und die Blättchen von den Stängeln zupfen. Einige Blättchen zum Garnieren beiseitelegen. Restliche Blättchen fein schneiden. Babyspinat verlesen, gründlich waschen und sehr gut abtropfen lassen.

**6.** Die gegarten Nudeln in eine Salatschüssel geben. Brokkoli, Frühlingszwiebeln, Tomaten, Basilikum, Blattspinat und Olivenöl hinzugeben und untermischen. Den Salat mit Salz und Pfeffer abschmecken.

**7.** Die Pinienkerne unter den Salat heben. Den Salat anrichten, mit Parmesan und beiseitegelegten Basilikumblättchen garnieren und servieren.

## NUDELSALAT MIT KÜRBIS-OLIVEN-SAUCE, WARM

🕐 Zubereitungszeit: 40 Minuten
➕ Vegan

### ZUTATEN FÜR 4 PORTIONEN

1 Hokkaido-Kürbis (etwa 900 g)
1 Stange Lauch (etwa 250 g)
1–2 Knoblauchzehen
30 g Kürbiskerne
80 g abgetropfte schwarze Oliven, ohne Stein

400 g Vollkornnudeln (ohne Ei),
　z. B. Dinkel-Penne
2 EL Speiseöl
250 ml vegane Gemüsebrühe
Salz
gem. Pfeffer
Cayennepfeffer
gem. Koriander
1–2 TL Zitronensaft
2–3 EL Kürbiskernöl

### PRO PORTION:

E: 19 g, F: 24 g, Kh: 76 g, kcal: 596

**1.** Kürbis putzen, abspülen, abtropfen lassen, halbieren und in Spalten schneiden. Kürbisspalten entkernen und mit der Schale quer in dünne Scheiben schneiden.

**2.** Lauch putzen, die Stange längs halbieren, gründlich waschen, abtropfen lassen und quer in etwa ½ cm breite Streifen schneiden. Knoblauch abziehen und in dünne Scheiben schneiden.

**3.** Kürbiskerne in einer Pfanne ohne Fett unter Rühren goldbraun rösten, herausnehmen und auf einen Teller geben. Oliven quer dritteln, sodass Ringe entstehen.

**4.** Die Nudeln in kochendem Salzwasser nach Packungsanleitung bissfest kochen, dabei gelegentlich umrühren.

**5.** In der Zwischenzeit Speiseöl in einem Topf erhitzen. Lauchstreifen und Knoblauchscheiben darin andünsten. Brühe und Kürbisscheiben hinzugeben, zum Kochen bringen und zugedeckt etwa 8 Minuten bei mittlerer Hitze dünsten.

**6.** Anschließend die gegarten Nudeln in ein Sieb geben, mit heißem Wasser abspülen und abtropfen lassen.

**7.** Die Olivenringe unter die Kürbissauce rühren und aufkochen. Die Sauce mit Salz, Pfeffer, Cayennepfeffer, Koriander und Zitronensaft abschmecken.

**8.** Die Nudeln mit der Sauce vermischen, in Salatschalen anrichten, mit Kürbiskernen bestreuen und mit Kürbiskernöl beträufeln.

### TIPPS:

Anstelle von Kürbiskernöl kann auch Nussöl verwendet werden.
Wer mag, streut außerdem einige fein geschnittene Basilikumblättchen auf die Nudeln.

# NUDELSALAT MIT NEKTARINEN

🕐 Zubereitungszeit: 35 Minuten
✚ Vegan

### ZUTATEN FÜR 6 PORTIONEN

500 g kurze Nudeln, z. B. Penne
1 Fenchelknolle
3 Handvoll Rucola (etwa 120 g)
2 Nektarinen
185 g abgetropfte, entsteinte schwarze Oliven (aus dem Glas)
2 EL rotes Pesto (aus dem Glas)
Salz
gem. Pfeffer

### PRO PORTION:

E: 13 g, F: 10 g, Kh: 67 g, kcal: 419

**1.** Wasser in einem großen Topf zugedeckt zum Kochen bringen. Dann Salz und Nudeln hinzugeben. Die Nudeln bei mittlerer Hitze nach Packungsanleitung bissfest kochen, dabei gelegentlich umrühren.

**2.** Anschließend die Nudeln in ein Sieb geben, kurz mit kaltem Wasser abspülen und abtropfen lassen.

**3.** Die Fenchelknolle putzen, abspülen, abtropfen lassen, halbieren und in feine Streifen schneiden. Rucola verlesen und die dicken Stängel abschneiden. Rucola abspülen, trocken tupfen oder trocken schleudern. Rucola evtl. etwas kleiner zupfen.

**4.** Nektarinen abspülen, abtrocknen und halbieren. Die Steine entfernen. Die Nektarinenhälften in dünne Spalten schneiden.

**5.** Die Oliven und das Pesto mit den Nudeln gut vermischen, evtl. noch etwas Öl von den Oliven hinzugeben. Fenchelstreifen, Nektarinenspalten und Rucola untermischen. Den Nudelsalat mit Salz und Pfeffer abschmecken.

### TIPP:

Verwenden Sie statt der Nektarinen 175 g abgetropfte Mandarinen aus der Dose. Diese statt der Nektarinenspalten unter den Salat geben.

## NUDELSALAT MIT PARMASCHINKEN UND MELONE

🕒 Zubereitungszeit: 30 Minuten, ohne Durchziehzeit

### ZUTATEN FÜR 12 PORTIONEN

250 g Nudeln, z. B. Penne
4 Tomaten
einige Stängel Basilikum
100 g Frühlingszwiebeln
etwa 50 ml Weißweinessig
1 EL mittelscharfer Senf
Salz
gem. Pfeffer
1 Prise Zucker
50 ml Speiseöl, z. B. Rapsöl
50 g abgetropfte schwarze Oliven, mit Stein

300 g Honigmelonen-Fruchtfleisch
75 g Parmaschinken, in Scheiben

### PRO PORTION:

E: 14 g, F: 19 g, Kh: 59 g, kcal: 473

**1.** Die Nudeln in kochendem Salzwasser nach Packungsanleitung bissfest kochen, dabei gelegentlich umrühren. Anschließend die Nudeln in ein Sieb geben, mit kaltem Wasser abspülen und abtropfen lassen.

**2.** Tomaten abspülen, abtrocknen, halbieren und die Stängelansätze herausschneiden. Die Tomaten fein würfeln.

**3.** Basilikum abspülen, trocken tupfen und die Blättchen von den Stängeln zupfen. Einige Blättchen zum Garnieren beiseitelegen, restliche Blättchen fein schneiden. Frühlingszwiebeln putzen, abspülen, abtropfen lassen und in Scheiben schneiden.

**4.** Essig und Senf in einer großen Schüssel verrühren, mit Salz, Pfeffer und Zucker würzen. Speiseöl unterschlagen. Tomatenwürfel, Basilikum, Frühlingszwiebelscheiben, Nudeln und Oliven hinzugeben und untermischen. Den Salat etwa 30 Minuten durchziehen lassen.

**5.** Melonenfruchtfleisch entkernen und fein würfeln. Den Schinken in Streifen schneiden, mit den Melonenwürfeln kurz vor dem Servieren unter den Nudelsalat geben. Den Salat nochmals abschmecken, anrichten und mit den beiseitegelegten Basilikumblättchen garniert servieren.

### TIPP:

Den Salat bereits etwa 4 Stunden vor dem Servieren bis einschließlich Punkt 4 zubereiten. Den Nudelsalat zugedeckt in den Kühlschrank stellen und durchziehen lassen.

# OKTOPUSSALAT

⏱ Zubereitungszeit: 35 Minuten, ohne Abkühlzeit
Garzeit: 90–120 Minuten

## ZUTATEN FÜR 4 PORTIONEN

1 küchenfertiger Oktopus (Tintenfisch, etwa 1,2 kg)
1 TL Fenchelsamen
1 Lorbeerblatt
Salz
500 g Kartoffeln
4 Schalotten
1 Knoblauchzehe
4 große Tomaten (etwa 250 g)
1 Bund glatte Petersilie
1 Bund Koriander

## FÜR DAS DRESSING:

Zitronensaft
feines Meersalz
gem. schwarzer Pfeffer
6 EL Olivenöl

## PRO PORTION:

E: 41 g, F: 17 g, Kh: 23 g, kcal: 421

**1.** Den Oktopus mit Küchenpapier abtupfen, in einem großen Topf mit Wasser, Fenchelsamen und Lorbeerblatt zum Kochen bringen, Salz hinzugeben. Den Oktopus zugedeckt in etwa 90 Minuten bei schwacher Hitze weich kochen.

**2.** Nach der angegebenen Garzeit mit einem Holzspieß in die dickste Stelle des Oktopus stechen, um zu prüfen, ob er weich ist. Gegebenenfalls noch weitere etwa 30 Minuten garen.

**3.** In der Zwischenzeit die Kartoffeln schälen, abspülen, abtropfen lassen und dann in grobe Würfel schneiden. Kartoffelwürfel in kochendem Salzwasser in etwa 20 Minuten gar kochen. Anschließend abgießen, abdämpfen und erkalten lassen.

**4.** Den gegarten Oktopus aus dem Fond nehmen und abkühlen lassen. Dann die Haut abziehen und die Fangarme in etwa 1 cm lange Stücke schneiden.

**5.** Schalotten und Knoblauch abziehen, beides klein würfeln.

**6.** Die Tomaten abspülen, trocken tupfen, vierteln und entkernen. Tomatenviertel in grobe Würfel schneiden.

**7.** Petersilie und Koriander abspülen, trocken tupfen und die Blättchen von den Stängeln zupfen. Blättchen getrennt klein schneiden.

**8.** Zitronensaft mit Meersalz und Pfeffer verrühren, Olivenöl unterschlagen.

**9.** Die vorbereiteten Salatzutaten in einer Schüssel mischen, das Dressing hinzugeben und untermischen. Den Salat mit Meersalz, Pfeffer und Zitronensaft abschmecken.

## TIPP:

Servieren Sie den Salat mit geröstetem Brot und z.B. mit einem gut gekühlten Vinho verde auf der Terrasse.

# ORIENTALISCHE SALAD-BOWL

- Zubereitungszeit: 25 Minuten, ohne Ziehzeit
  Garzeit: etwa 15 Minuten
- Vegan

## ZUTATEN FÜR 4 PORTIONEN

1 kleiner Blumenkohl (etwa 500 g)
Salz
1 TL Instant-Gemüsebrühepulver
530 g abgetropfte Kichererbsen (aus der Dose)

### FÜR DAS DRESSING:

1–2 Knoblauchzehen
etwa 4 EL Zitronensaft
1 geh. EL Sesampaste (aus dem Glas; Tahina)
gem. Pfeffer
evtl. Cayennepfeffer

2 mittelgroße Möhren

etwa 250 ml Pflanzenöl zum Frittieren
3–4 TL Tandoori-Gewürzmischung (z. B. aus dem orientalischen Lebensmittelladen)
1 große oder 2 kleine reife Avocados
2–3 EL Schnittlauchröllchen (frisch oder TK)

### PRO PORTION:

E: 16 g, F: 51 g, Kh: 29 g, kcal: 673

**1.** Blumenkohl putzen und in feine Röschen teilen. Röschen in ein Sieb geben und mit kaltem Wasser abspülen, abtropfen lassen. Gut 250 ml Wasser in einen Topf geben, zugedeckt zum Kochen bringen. Salz, Gemüsebrühepulver und Blumenkohl-Röschen zugeben. Den Kohl zugedeckt bissfest dünsten (10–15 Minuten, je nach Größe der Röschen). Blumenkohl abtropfen lassen, das Kochwasser dabei auffangen.

**2.** Inzwischen die Kichererbsen in ein Sieb geben, gründlich mit kaltem Wasser abspülen und abtropfen lassen.

**3.** Den Knoblauch abziehen und grob würfeln. 100 g Kichererbsen, Knoblauch, gut 200 ml vom aufgefangenen Blumenkohl-Kochwasser, 2 Esslöffel Zitronensaft und Sesampaste in einen stabilen Mixer geben und zu einem feincremigen Dressing pürieren. In eine Schüssel geben. Mit Salz, Pfeffer, evtl. noch etwas Zitronensaft und nach Belieben Cayennepfeffer abschmecken.

**4.** Möhren schälen, auf einer stabilen Küchenreibe in längliche Streifen hobeln. Blumenkohlröschen und Möhrenstreifen unter das Dressing mischen. Etwas ziehen lassen.

**5.** In der Zwischenzeit Öl zum Frittieren in einer tiefen Pfanne erhitzen. Übrige Kichererbsen auf Küchenpapier gut abtropfen lassen. Dann portionsweise im heißen Öl unter Wenden 3–4 Minuten rundum knusprig frittieren Auf Küchenpapier abtropfen lassen und sofort mit dem Tandoori-Gewürzpulver bestreuen.

**6.** Avocado(s) halbieren, den Kern entfernen. Fruchtfleisch schälen und in Spalten schneiden. Mit dem restlichen Zitronensaft beträufeln.

**7.** Vorbereiteten Salat in Salad-Bowls verteilen. Avocado, Kichererbsen und Schnittlauch darauf anrichten.

### TIPP:

Dazu passt Fladenbrot.

NEUE SALATE

# ORIENTALISCHE SALATPLATTE MIT KNOBLAUCH-JOGHURT-DIP

- Zubereitungszeit: 25 Minuten, ohne Durchzieh- und Abkühlzeit
  Garzeit: 30–40 Minuten
- Laktosefrei

### ZUTATEN FÜR 4 PORTIONEN

1 kg kleine junge Rote-Bete-Knollen
1 Lorbeerblatt, Salz
450 ml Gemüsebrühe
150 g Bulgur (grobe Weizengrütze)

### FÜR DAS DRESSING:

3 EL Zitronensaft
1 TL flüssiger Honig
gem. Pfeffer
2 EL Nussöl, z. B. Walnussöl

1 Frühlingszwiebel
240 g abgetropfte Kichererbsen (aus der Dose)
2 EL grob gehackte Walnusskerne
¼ Granatapfel
1 EL Sesamsamen, geschält

### FÜR DEN DIP:

1 Knoblauchzehe
1 Bund Schnittlauch
3–4 Stängel Minze
500 g laktosefreier Joghurt (1,5 % Fett)
einige Tropfen flüssiger Honig

### PRO PORTION:

E: 18 g, F: 16 g, Kh: 67 g, kcal: 495

**1.** Rote-Bete-Knollen unter fließendem kalten Wasser abbürsten, mit Lorbeerblatt und 1 Esslöffel Salz in einen Topf geben. Rote-Bete mit Wasser bedeckt, zugedeckt zum Kochen bringen. Die Knollen je nach Dicke 30–40 Minuten garen.

**2.** In der Zwischenzeit Gemüsebrühe zum Kochen bringen. Bulgur unter Rühren einstreuen, bei schwacher Hitze 8–10 Minuten ausquellen lassen. Bulgur in einem Sieb abtropfen und erkalten lassen.

**3.** Für das Dressing Zitronensaft mit Honig, Salz und Pfeffer verrühren. Nussöl langsam unterschlagen.

**4.** Frühlingszwiebel putzen, abspülen, abtropfen lassen und in Scheiben schneiden. Rote Bete abgießen, etwas abkühlen lassen, noch warm schälen (Haushaltshandschuhe verwenden, da sie stark färben). Die Knollen in Spalten oder Scheiben schneiden, mit dem Dressing und den Frühlingszwiebelscheiben mischen. Kichererbsen in ein Sieb geben, mit kaltem Wasser abspülen, abtropfen lassen und unter die Rote Bete mischen, mindestens 30 Minuten durchziehen lassen.

**5.** In der Zwischenzeit Walnusskerne in einer Pfanne ohne Fett unter Wenden rösten, bis sie anfangen zu duften. Walnusskerne auf einem Teller abkühlen lassen.

**6.** Aus dem Granatapfel die Kerne mithilfe einer Gabel herauslösen (Vorsicht: Es spritzt!). Die vorbereiteten Salatzutaten auf einer Platte anrichten, mit Sesam und Walnusskernen bestreuen.

**7.** Für den Dip Knoblauch abziehen. Schnittlauch und Minze abspülen und trocken tupfen. Minzeblättchen von den Stängeln zupfen und klein schneiden. Schnittlauch in Röllchen schneiden. Joghurt mit Honig, etwas Salz und Pfeffer verrühren. Den Knoblauch durch eine Knoblauchpresse dazu pressen. Die Kräuter unterrühren und den Dip nochmals mit Salz und Pfeffer abschmecken. Die Salatplatte mit dem Dip anrichten.

### TIPP:

Dazu passt Fladenbrot, z. B. Chapatis oder Tortillas.

# PANZANELLA (BROTSALAT)

🕐 Zubereitungszeit: 50 Minuten
➕ Vegetarisch

### ZUTATEN FÜR 12 PORTIONEN

600 g Kastenweißbrot (in Scheiben geschnitten, ohne Rinde)
3 Bund Frühlingszwiebeln
3 grüne Paprikaschoten (etwa 600 g)
6 EL Rotweinessig
6 EL Balsamico-Essig
1,8 kg Fleischtomaten
3 Knoblauchzehen
etwa 45 g abgetropfte Kapern (aus dem Glas)
125 ml Olivenöl
Salz
gem. schwarzer Pfeffer
3 EL TK-Petersilie

### PRO PORTION:

E: 6 g, F: 11 g, Kh: 32 g, kcal: 258

**1.** Die Weißbrotscheiben in etwa 2 cm große Würfel schneiden. Die Brotwürfel evtl. portionsweise in einer großen Pfanne ohne Fett bei mittlerer Hitze von allen Seiten in 8–10 Minuten hellbraun rösten.

**2.** Inzwischen die Frühlingszwiebeln putzen, abspülen, abtropfen lassen und in sehr feine Scheiben schneiden.

**3.** Die Paprikaschoten halbieren, entstielen, entkernen und die weißen Scheidewände entfernen. Schoten abspülen, abtropfen lassen und in kleine Würfel schneiden.

**4.** Die Brotwürfel in einer großen Schüssel mit den beiden Essigsorten beträufeln und etwa 15 Minuten durchziehen lassen.

**5.** In der Zwischenzeit die Tomaten abspülen, abtrocknen, halbieren und die Stängelansätze herausschneiden. Je nach Größe die Tomaten vierteln oder achteln und entkernen. Das Fruchtfleisch in Stücke schneiden. Knoblauch abziehen und durch eine Knoblauchpresse drücken oder sehr fein schneiden.

**6.** Frühlingszwiebelscheiben, Paprikawürfel, Knoblauch, Kapern und Olivenöl zu den eingeweichten Brotwürfeln geben. Die Zutaten gut vermischen, mit Salz und Pfeffer würzen.

**7.** Die Tomatenstücke und die Petersilie zuletzt unter den Salat mischen, nochmals mit Salz und Pfeffer abschmecken. Den Brotsalat sofort servieren.

### TIPPS:

Wenn genügend Zeit ist, die Kapern hacken. Ihr herb-würziger Geschmack verteilt sich dann besser im Salat. Angebrochene Gläser im Kühlschrank aufbewahren, dabei die Kapern stets mit Flüssigkeit bedeckt halten.
Für diesen Salat können Sie die Gemüsezutaten (siehe die Punkte 2 bis 4), 2–3 Stunden vor dem Servieren, vorbereiten und zugedeckt in den Kühlschrank stellen. Die Brotwürfel können ebenfalls geröstet werden.

# PASTA-SALAT ALLA NORCINA

⏱ Zubereitungszeit: 40 Minuten, ohne Abkühlzeit

## ZUTATEN FÜR 4–6 PORTIONEN

300 g kurze Nudeln, z. B. Pipe Rigate
2 Schalotten
400 g gemischte Pilze, z. B. Champignons, Kräuterseitlinge, Shiitakepilze
250 g Cocktailtomaten
175 ml heiße Gemüsebrühe
Salz
gem. Pfeffer
2–3 TL Basilikum-Pesto (aus dem Glas)
500 g Salsicce (ital. rohe, grobe Bratwürste)
2 EL Olivenöl
1–2 EL Zitronensaft
1 Radicchio (etwa 175 g)
200 g Joghurt (3,5 % Fett)
etwa 50 g Parmesan, im Stück

## PRO PORTION:

E: 27 g, F: 38 g, Kh: 51 g, kcal: 656

---

**1.** Wasser in einem großen Topf zugedeckt zum Kochen bringen. Dann Salz und Nudeln zugeben. Die Nudeln im geöffneten Topf bei mittlerer Hitze nach Packungsanleitung bissfest kochen, dabei gelegentlich umrühren.

**2.** Inzwischen Schalotten abziehen und in feine Würfel schneiden. Pilze putzen, evtl. kurz abspülen und gut trocken tupfen. Die Tomaten abspülen, abtrocknen, halbieren und evtl. die Stängelansätze herausschneiden.

**3.** Die gegarten Nudeln in ein Sieb geben, mit heißem Wasser abspülen und abtropfen lassen.

**4.** Die heiße Brühe mit etwas Salz, etwas Pfeffer und dem Pesto in einer Schüssel verrühren. Die Nudeln untermischen und lauwarm abkühlen lassen.

**5.** Inzwischen Wurstbrät aus den Bratwurstpellen drücken und zu kleinen Klößchen formen. Eine beschichtete Pfanne erhitzen, die Salsicce-Klößchen darin unter Wenden etwa 3 Minuten rundherum braun braten, herausnehmen und auf einen Teller geben.

**6.** Olivenöl in der Pfanne erhitzen. Die Pilze mit den Schalottenwürfeln darin unter Wenden bei mittlerer Hitze braun braten. Anschließend mit Salz, Pfeffer und Zitronensaft würzen.

**7.** Radicchio putzen, abspülen, gut abtropfen lassen und die Blätter in mundgerechte Stücke schneiden oder zupfen.

**8.** Den Joghurt unter die Nudeln mischen, mit Salz und Pfeffer würzen. Salsicce-Klößchen und Tomaten unter die Nudeln heben.

**9.** Den Pasta-Salat mit Pilzen und Radicchio auf einer Platte anrichten. Den Parmesan in Spänen daraufhobeln.

## TIPP:

Den Salat nach Belieben mit vorbereiteten, frischen Kräutern garnieren.

# PASTA-SALAT „BELLA ITALIA"

⏱ Zubereitungszeit: 50 Minuten, ohne Durchziehzeit

## ZUTATEN FÜR 6 PORTIONEN

250 g Nudeln, z. B. Penne, Orecchiette
250 g Gemüsezwiebeln
200 g Zucchini
Salz
200 g Fleischtomaten
200 g Bratenaufschnitt, z. B. Kalbsbraten
3 EL Balsamico-Essig
gem. Pfeffer
gerebelter Oregano
4 EL Olivenöl
12 abgetropfte schwarze Oliven, ohne Stein
2 TL abgetropfte Kapern (aus dem Glas)

### FÜR DIE THUNFISCHSAUCE:

185 g Thunfisch in Öl
150 g Joghurt (3,5 % Fett)
1 EL Salatmayonnaise
1 Topf Basilikum

### PRO PORTION:

E: 26 g, F: 30 g, Kh: 41 g, kcal: 549

1. Wasser in einem großen Topf zugedeckt zum Kochen bringen. Dann Salz und Nudeln hinzugeben. Die Nudeln im geöffneten Topf bei mittlerer Hitze nach Packungsanleitung bissfest kochen, dabei gelegentlich umrühren. Anschließend die Nudeln auf ein Sieb geben, mit kaltem Wasser abspülen und abtropfen lassen.

2. Gemüsezwiebeln abziehen, halbieren und in dünne Scheiben schneiden. Zucchini abspülen, abtrocknen und die Enden abschneiden. Zucchini in dünne Scheiben schneiden. Zwiebel- und Zucchinischeiben in wenig kochendes Salzwasser geben, einmal aufkochen lassen. Dann auf ein Sieb geben, mit kaltem Wasser übergießen und abtropfen lassen.

3. Tomaten kreuzweise einschneiden und mit kochendem Wasser übergießen. Nach 1–2 Minuten herausnehmen und mit kaltem Wasser abschrecken. Tomaten häuten, halbieren und die Stängelansätze herausschneiden. Tomaten entkernen und in Spalten schneiden. Bratenaufschnitt in Streifen schneiden.

4. Essig mit Salz, Pfeffer und Oregano verrühren. Olivenöl unterschlagen. Die Sauce mit den vorbereiteten Zutaten, Oliven und Kapern in einer Schüssel vermengen. Den Salat etwa 20 Minuten durchziehen lassen.

5. Für die Thunfischsauce Thunfisch mit dem Öl, Joghurt und Mayonnaise in einen Rührbecher geben und pürieren. Die Sauce mit Salz und Pfeffer abschmecken.

6. Basilikum abspülen und trocken tupfen. Die Blättchen von den Stängeln zupfen. Die Sauce damit garnieren. Die Thunfischsauce zu dem Salat reichen.

### TIPP:

Den Pasta-Salat als kaltes Hauptgericht mit Ciabatta oder als Partysalat servieren.

### REZEPTVARIANTE:

Anstelle von Bratenaufschnitt können Sie auch 150 g gegrilltes oder geräuchertes, in Scheiben geschnittenes Hähnchenbrustfilet verwenden.

VON A–Z

P

# PASTA-SALAT MIT HÄHNCHEN

⏱ Zubereitungszeit: 40 Minuten, ohne Abkühlzeit

### ZUTATEN FÜR 4 PORTIONEN

200 g grüne Bandnudeln
etwa 300 g Hähnchenbrustfilet
Salz
frisch gem. Pfeffer
etwas Currypulver
10 g Weizenmehl
2 EL Speiseöl
1 reife Mango
100 g Joghurt-Salatcreme
2 EL Schlagsahne
2 EL Zitronensaft
2 EL geröstete Sesamsamen
2 Chicorée
½ Bund Schnittlauch

### PRO PORTION:

E: 27 g, F: 18 g, Kh: 50 g, kcal: 479

1. Wasser in einem großen Topf mit geschlossenem Deckel zum Kochen bringen. Dann Salz und Nudeln hinzugeben. Die Nudeln im geöffneten Topf bei mittlerer Hitze nach Packungsanleitung kochen lassen, dabei zwischendurch 4–5-mal umrühren.

2. In der Zwischenzeit das Hähnchenbrustfilet mit Küchenpapier abtupfen. Mit Salz und Pfeffer würzen und mit Curry und Mehl bestäuben.

3. Speiseöl in einer Pfanne erhitzen. Hähnchenbrustfilet darin von beiden Seiten etwa 10 Minuten braten, herausnehmen und erkalten lassen.

4. Die garen Nudeln auf ein Sieb geben, mit heißem Wasser abspülen und abtropfen lassen.

5. Die Mango halbieren und den Stein herauslösen. Die Mangohälften schälen und das Fruchtfleisch in Scheiben schneiden. 2 Mangoscheiben in sehr kleine Stücke schneiden. Restliche Mangoscheiben in etwa 1 cm dicke Streifen schneiden.

6. Joghurt-Salatcreme mit Sahne und Zitronensaft in einer Schüssel verrühren. Danach klein geschnittene Mangostücke unterheben und die Zutaten mit einem Stabmixer pürieren. Mit Salz und Pfeffer würzen. 1 Esslöffel der gerösteten Sesamsamen unterrühren.

7. Den Chicorée von den schlechten Blättern befreien. Chicorée längs halbieren und den Strunk keilförmig herausschneiden. Chicorée waschen, abtropfen lassen und in einzelne Blätter teilen. Die Blätter jeweils in Form eines halben Sterns auf 4 Teller legen.

8. Hähnchenbrustfilet quer halbieren und in dünne Streifen schneiden. Die Nudeln mit zwei Dritteln der Hähnchenfleischstreifen vermengen. Die Joghurt-Mango-Sauce unterrühren. Den Salat auf den Tellern verteilen. Die Mangostreifen und restliche Hähnchenfleischstreifen darauf anrichten. Mit restlichem Sesamsamen bestreuen.

9. Den Schnittlauch abspülen, trocken tupfen und in Röllchen schneiden. Den Salat mit den Schnittlauchröllchen garnieren.

# PFLÜCKSALAT, BUNT GEMISCHT

⏱ Zubereitungszeit: 45 Minuten

### ZUTATEN FÜR 4 PORTIONEN

½ Butternut-Kürbis (etwa 400 g)
½ EL Olivenöl
½ TL Chiliflocken
2 EL frische Zitronenthymianblättchen
Salz
gem. weißer Pfeffer
1 Mango
160 g gebratene Hähnchenbrust (ohne Haut)
1 reife Hass-Avocado (etwa 200 g)
4 Rote-Bete-Kugeln (vorgegart, vakuumverpackt)
8 Rispen rote Johannisbeeren
1 Möhre
200 g Baby-Leaf-Pflücksalat
    (Salatmischung aus dem Beutel)
4 EL Granatapfelkerne

### FÜR DAS DRESSING:

1 EL Apfelessig
½–1 EL flüssiger Wildblütenhonig
3 EL Leinöl

### PRO PORTION:

E: 15 g, F: 19 g, Kh: 28 g, kcal: 345

**1.** Den halben Kürbis nochmals halbieren. Die Kerne mit einem Löffel herauslösen und den Stielansatz entfernen. Den Kürbis schälen und in Scheiben schneiden.

**2.** Das Olivenöl in einer Pfanne erhitzen. Die Kürbisscheiben darin bei mittlerer Hitze unter mehrmaligem Wenden etwa 12 Minuten braten. Zum Ende der Garzeit Chiliflocken und abgespülte, trocken getupfte Thymianblättchen hinzugeben und mitbraten. Kürbisscheiben mit Salz und Pfeffer würzen.

**3.** Von der Mango das Fruchtfleisch vom Stein schneiden. Fruchtfleisch schälen. Hähnchenbrust und Mango in Würfel schneiden. Die Avocado halbieren und den Stein entfernen. Das Fruchtfleisch mit einem Esslöffel aus der Schale lösen und in etwa 1 cm dicke Scheiben schneiden.

**4.** Rote Bete in Spalten schneiden. Die Johannisbeeren abspülen, trocken tupfen und die Beeren von den Rispen streifen. Möhre putzen, schälen, abspülen, abtropfen lassen und in sehr dünne Scheiben hobeln.

**5.** Baby-Leaf-Pflücksalat abspülen, gut abtropfen lassen oder trocken schleudern und in eine große Schüssel geben. Die vorbereiteten Salatzutaten und die Granatapfelkerne hinzugeben, mit Salz und Pfeffer bestreuen.

**6.** Für das Dressing Apfelessig mit Honig verschlagen. Das Leinöl langsam unterschlagen, mit Salz und Pfeffer würzen. Das Dressing auf die Salatzutaten geben. Den Salat gut durchmischen und servieren.

## QUINOA-FRISÉE-SALAT

- Zubereitungszeit: 30 Minuten, ohne Abkühlzeit
- Vegan
- Glutenfrei

### ZUTATEN FÜR 4 PORTIONEN

**FÜR DEN SALAT:**

200 g Quinoa
400 ml vegane Gemüsebrühe
5–6 EL Limettensaft
Salz
gem. Pfeffer
½–1 TL Harissa (afrikanische Gewürzpaste)
1 kleiner Friséesalat
1 Bio-Salatgurke
150 g abgetropfte Artischockenherzen, in Öl (aus dem Glas)

**FÜR DIE SALATSAUCE:**

2 EL Olivenöl
1 Prise Voll-Rohrzucker

**PRO PORTION:**

E: 9 g, F: 14 g, Kh: 35 g, kcal: 305

1. Für den Salat Quinoa mit der Gemüsebrühe nach Packungsanleitung in einem Topf zubereiten. Anschließend den gegarten Quinoa in eine Schüssel geben.

2. Etwa 3 Esslöffel von dem Limettensaft mit Salz, Pfeffer und ¼–½ Teelöffel Harissa glatt rühren und mit dem Quinoa vermischen. Quinoa zum Abkühlen beiseitestellen.

3. In der Zwischenzeit Friséesalat putzen, abspülen und abtropfen lassen oder in einer Salatschleuder trocken schleudern. Den Salat in mundgerechte Stücke zupfen.

4. Die Salatgurke abspülen, abtrocknen und die Enden abschneiden. Die Gurke nach Belieben schälen. Gurke längs halbieren, entkernen und in dünne Scheiben schneiden. Die gut abgetropften Artischockenherzen quer halbieren.

5. Für die Salatsauce Olivenöl mit restlichem Limettensaft und Harissa in einer Schüssel glatt rühren. Die Sauce mit Salz, Pfeffer und Rohrzucker abschmecken.

6. Den Blattsalat mit Quinoa, Gurkenscheiben und Artischockenherzen auf Tellern anrichten und mit der Harissasauce beträufeln.

**TIPPS:**

Quinoa wird auch Inkakorn genannt und stammt aus Südamerika. Es hat einen leicht nussigen Geschmack und kann sowohl süß als auch salzig zubereitet werden. Es enthält im Gegensatz zu Getreide kein Gluten.
Wenn Sie kein Quinoa mögen oder vertragen, können Sie den Salat auch mit der gleichen Menge Hirse zubereiten.

NEUE SALATE

# RADIESCHEN-SALAT MIT SESAM-FALAFEL

○ Zubereitungszeit: 40 Minuten, ohne Einweich-, Ausback- und Abkühlzeit
+ Vegetarisch

### ZUTATEN FÜR 2–4 PORTIONEN

**FÜR DIE SESAM-FALAFEL:**

50 g getrocknete Kichererbsen
1 Frühlingszwiebel
je 1 Stängel Minze, Dill, glatte Petersilie und Koriander
50 g abgetropfte weiße Bohnen (aus der Dose)
Salz
gem. Pfeffer
½ gestr. TL gem. Kreuzkümmel (Cumin)
½ gestr. TL Backpulver
1 TL Wasser
10 g Sesamsamen, ungeschält

etwa 1 l Speiseöl, z. B. Sonnenblumenöl

**FÜR DEN JOGHURT-DIP UND DEN SALAT:**

125 g Sahnejoghurt (10 % Fett)
½ gestr. TL gem. Kreuzkümmel (Cumin)
250 g Cocktailtomaten
120 g Radieschen
1 EL Zitronensaft
1 ½ EL Olivenöl

**PRO PORTION:**

E: 7 g, F: 18 g, Kh: 15 g, kcal: 251

1. Die Kichererbsen etwa 12 Stunden in kaltem Wasser einweichen. Anschließend in ein Sieb geben und gut abtropfen lassen.

2. Frühlingszwiebel putzen, abspülen und abtropfen lassen. Eine Hälfte in feine Scheiben schneiden. Die zweite Hälfte beiseitelegen.

3. Alle Kräuter abspülen und trocken tupfen. Von jedem Stängel ein Drittel abschneiden, jeweils die Blättchen und Spitzen davon abzupfen und grob schneiden. Restliche Kräuter beiseitelegen.

4. Bohnen in ein Sieb geben, mit kaltem Wasser abspülen und sehr gut abtropfen lassen. Bohnen, Kichererbsen, Frühlingszwiebelscheiben, klein geschnittene Kräuter, Salz, Pfeffer und Kreuzkümmel sehr fein pürieren.

5. Das Backpulver in dem Wasser auflösen, zum Bohnenpüree geben und mit den Händen gleichmäßig unter die Masse mischen. Aus der Bohnenpüree-Masse 6 gleich große, glatte Kugeln formen. Jeweils eine Kugelseite fest in den Sesam drücken.

6. Das Speiseöl in einem Topf auf etwa 175 °C erhitzen. Die Falafel darin in 2–3 Portionen jeweils 4–5 Minuten goldbraun backen. Die fertigen Falafel mit einem Schaumlöffel herausnehmen, auf Küchenpapier abtropfen und erkalten lassen.

7. Für den Joghurt-Dip und den Salat Joghurt mit Kreuzkümmel und Salz verrühren. Beiseitegelegte Frühlingszwiebelhälfte in sehr feine Scheiben schneiden. Tomaten abspülen, abtrocknen und die Stängelansätze herausschneiden. Radieschen putzen, abspülen und abtropfen lassen. Radieschen und Tomaten in kleine Stücke schneiden.

8. Von den beiseitegelegten Kräutern die Blättchen und Spitzen abzupfen und evtl. etwas kleiner schneiden. Tomaten, Radieschen, Frühlingszwiebeln und Kräuter in eine Schüssel geben, mit Zitronensaft und Olivenöl mischen, mit etwas Salz und Pfeffer würzen. Die Sesam-Falafel portionsweise mit dem Salat und dem Joghurt anrichten.

# REIS-BOHNEN-SALAT MIT CABANOSSI

⏱ Zubereitungszeit: 35 Minuten, ohne Abkühl- und Durchziehzeit

### ZUTATEN FÜR 4 PORTIONEN

125 g Langkornreis
Salz
200 g Knabber-Cabanossi
1 gelbe Paprikaschote
1 Stange Staudensellerie
125 g abgetropfter Gemüsemais (aus der Dose)
175 g abgespülte, abgetropfte Kidneybohnen (aus der Dose)

### FÜR DIE MARINADE:

50 ml Weißweinessig
1 EL Tomatenketchup
1 TL milder Senf
1 Knoblauchzehe
50 ml Olivenöl
gem. Pfeffer
1 Prise Zucker

### PRO PORTION:

E: 14 g, F: 28 g, Kh: 38 g, kcal: 463

**1.** Reis in kochendem Salzwasser nach Packungsanleitung garen. Reis in einem Sieb abtropfen und erkalten lassen.

**2.** In der Zwischenzeit Cabanossi in dünne Scheiben schneiden. Paprikaschote halbieren, entstielen, entkernen und die weißen Scheidewände entfernen. Schoten in kleine Würfel schneiden.

**3.** Staudensellerie putzen, abspülen, abtropfen lassen und in dünne Scheiben schneiden. Selleriegrün beiseitelegen.

**4.** Anschließend den Reis mit den Cabanossischeiben, Paprikawürfeln, Selleriescheiben, Mais und Kidneybohnen in eine große Schüssel geben und gut vermischen.

**5.** Für die Marinade Essig mit Ketchup und Senf verrühren. Knoblauch abziehen, durch eine Knoblauchpresse drücken und hinzufügen. Olivenöl unterschlagen. Die Marinade mit Salz, Pfeffer und Zucker würzen.

**6.** Die Marinade mit den Salatzutaten in der Schüssel gut vermischen. Den Salat zugedeckt etwa 2 Stunden durchziehen lassen.

**7.** Den Salat nochmals durchmischen, mit Salz und Pfeffer abschmecken. Beiseitegelegtes Selleriegrün grob zerkleinern. Den Salat vor dem Servieren mit dem Selleriegrün garnieren.

### TIPP:

Der Salat kann auch schon am Vortag bis einschließlich Punkt 6 zubereitet werden und zugedeckt im Kühlschrank durchziehen.

# REIS-CHAMPIGNON-SALAT

- Zubereitungszeit: 50 Minuten, ohne Abkühl- und Durchziehzeit
- Vegetarisch

**ZUTATEN FÜR 4 PORTIONEN**

200 g Naturreis
Gemüsebrühe (nach Packungsanleitung)
4 Frühlingszwiebeln
200 g Joghurt (1,5 % Fett)
100 g Joghurt-Salatcreme (15 % Fett)
Salz
gem. Pfeffer
1 Prise Voll-Rohrzucker
½ gestr. TL Cayennepfeffer
200 g weiße Champignons
2 TL Olivenöl
400 g Möhren
2 gelbe Paprikaschoten (je etwa 200 g)
1 Bund Schnittlauch

**PRO PORTION:**

E: 11 g, F: 8 g, Kh: 56 g, kcal: 362

**1.** Den Reis mit der Brühe in einem Topf nach Packungsanleitung (die auf der Packung angegebene Flüssigkeitsmenge verwenden) zubereiten. Dann den Reis in einem Sieb abtropfen und abkühlen lassen.

**2.** In der Zwischenzeit die Frühlingszwiebeln putzen, abspülen, abtropfen lassen und in feine Scheiben schneiden.

**3.** Den gegarten Reis in eine Salatschüssel geben und mit 2 Gabeln etwas auflockern. Frühlingszwiebelscheiben untermischen.

**4.** Joghurt mit Salatcreme verrühren, mit Salz, Pfeffer, Zucker und Cayennepfeffer würzen. Die Joghurtsauce unter die Reis-Frühlingszwiebel-Mischung rühren und zugedeckt etwa 30 Minuten im Kühlschrank durchziehen lassen.

**5.** In der Zwischenzeit die Champignons putzen, evtl. kurz abspülen und trocken tupfen. Champignons je nach Größe halbieren oder in Scheiben schneiden. Olivenöl in einer Pfanne erhitzen. Champignons darin unter gelegentlichem Rühren 2–3 Minuten andünsten, mit Salz und Pfeffer würzen. Champignons aus der Pfanne nehmen und erkalten lassen.

**6.** Möhren putzen, schälen, abspülen und abtropfen lassen. Möhren mehrfach längs halbieren und in feine Stifte schneiden. Paprikaschoten halbieren, entstielen, entkernen und die weißen Scheidewände entfernen. Die Schoten abspülen, abtropfen lassen und fein würfeln.

**7.** Schnittlauch abspülen, trocken tupfen und in Röllchen schneiden. Champignons, Möhrenstifte, Paprikawürfel und Schnittlauchröllchen unter die Reis-Frühlingszwiebel-Mischung heben. Den Salat zugedeckt weitere etwa 30 Minuten im Kühlschrank durchziehen lassen.

**TIPPS:**

Der Salat lässt sich gut vorbereiten und eignet sich gut zum Mitnehmen.
Statt mit Naturreis lässt sich der Salat auch mit Langkornreis zubereiten, dabei die Packungsanleitung beachten.

## REISSALAT MIT HÄHNCHENSCHENKELN, FRUCHTIG-SCHARF

🕐 Zubereitungszeit: 45 Minuten,
ohne Abkühl- und Durchziehzeit
Garzeit (Hähnchenschenkel): etwa 40 Minuten

### ZUTATEN FÜR 4 PORTIONEN

4 Hähnchenunterschenkel (je etwa 125 g)
je 1 TL Currypulver und Paprikapulver edelsüß
Salz, gem. Pfeffer
100 g Naturreis

### FÜR DIE VINAIGRETTE:

30 g frischer Ingwer
1–2 Bio-Limetten (unbehandelt, ungewachst)
1–2 EL Sambal Oelek
50 ml Gemüsebrühe

50 g Frühlingszwiebeln
250 g Tomaten
1 rote Paprikaschote
1 Salatgurke
100 g frisches Mango-Fruchtfleisch
75 g Romana-Salatherzen
½ Bund Koriander

### PRO PORTION:

E: 22 g, F: 12 g, Kh: 32 g, kcal: 333

**1.** Den Backofen vorheizen.
Ober-/Unterhitze: etwa 200 °C
Heißluft: etwa 180 °C

**2.** Hähnchenschenkel mit Küchenpapier abtupfen. Curry mit Paprika, Salz und Pfeffer mischen. Die Hähnchenschenkel damit einreiben und auf ein Backblech (mit Backpapier belegt) legen.

**3.** Das Backblech in den vorgeheizten Backofen schieben. Die Schenkel **etwa 40 Minuten garen.**

**4.** In der Zwischenzeit den Reis in kochendem Salzwasser nach Packungsanleitung zubereiten. Anschließend den Reis in ein Sieb geben, abtropfen und erkalten lassen.

**5.** Für die Vinaigrette Ingwer schälen und fein würfeln. Die Limetten heiß abwaschen, abtrocknen und die Schale fein abreiben. Limetten halbieren, den Saft auspressen und 4 Esslöffel davon abmessen. Limettensaft mit Ingwer, Limettenschale, Sambal Oelek und Gemüsebrühe verrühren, mit etwas Salz würzen.

**6.** Dann die Frühlingszwiebeln putzen, abspülen, abtrocknen und in feine Scheiben schneiden. Tomaten abspülen, abtrocknen, halbieren und die Stängelansätze herausschneiden. Paprikaschote halbieren, entstielen, entkernen und die weißen Scheidewände entfernen. Schote abspülen und abtropfen lassen. Gurke schälen und die Enden abschneiden. Gurke längs halbieren und entkernen. Tomaten, Paprika und Gurke in kleine Stücke schneiden. Das Mango-Fruchtfleisch schälen und ebenfalls klein schneiden.

**7.** Das vorbereitete Gemüse, die Mangostücke und Reis gut mischen. Vinaigrette untermischen. Den Salat etwa 10 Minuten durchziehen lassen.

**8.** Salatherzen putzen, abspülen, trocken tupfen und in feine Streifen schneiden. Koriander abspülen, trocken tupfen und die Blättchen von den Stängeln zupfen. Korianderblättchen grob schneiden. Salatstreifen und Koriander unter den Salat mischen. Den Reissalat mit den Hähnchenschenkeln anrichten und servieren.

# ROASTBEEF-SALAT

⏱ Zubereitungszeit: 20 Minuten, ohne Durchziehzeit

**ZUTATEN FÜR 4 PORTIONEN**

250 g Roastbeef-Aufschnitt, in Scheiben
2 rote Zwiebeln (etwa 130 g)
1 Knoblauchzehe
2 Sardellenfilets, in Salz (aus dem Glas)
4 abgetropfte kleine Essiggurken (etwa 60 g)
4 TL abgetropfte Kapern (etwa 20 g)
1 EL Weißweinessig
1 EL Zitronensaft
3 EL Olivenöl (30 g)
1 Msp. mittelscharfer Senf
Salz
gem. Pfeffer

**PRO PORTION:**

E: 20 g, F: 11 g, Kh: 2 g, kcal: 189

**1.** Den Roastbeef-Aufschnitt in etwa 1 cm breite Streifen schneiden.

**2.** Zwiebeln abziehen, halbieren und in feine Streifen schneiden. Knoblauch abziehen und durch eine Knoblauchpresse drücken oder sehr fein hacken.

**3.** Die Sardellenfilets mit kaltem Wasser abspülen und trocken tupfen. Essiggurken und Kapern ebenfalls trocken tupfen.

**4.** Sardellenfilets, Essiggurken und Kapern mit einem großen Messer fein hacken oder in kleine Würfel schneiden.

**5.** Die Zwiebelstreifen mit fein gehacktem Knoblauch, Sardellenfilets, Essiggurken und Kapern in einer Schüssel vermischen.

**6.** Den Essig mit dem Zitronensaft verrühren. Das Olivenöl unterschlagen, den Senf unterrühren. Dann die Roastbeef-Streifen mit der Sauce zu der Zwiebel-Kapern-Masse geben und alles gut verrühren. Den Salat mit etwas Salz und Pfeffer abschmecken und etwa 30 Minuten durchziehen lassen.

**BEILAGE:**

Reichen Sie dazu 250 g lauwarmes Ciabatta oder 4 Scheiben frisches Roggen-Vollkornbrot.

**TIPPS:**

Roastbeef ist sehr teuer. Wenn es dennoch etwas teurer sein darf, erlaubt die Fett- und Kalorienbilanz des Salats es auch, die Roastbeefmenge um 100 g auf 350 g zu erhöhen. Preiswerte Alternativen zu Roastbeef sind Hähnchen- oder Putenbrustaufschnitt.

Greifen Sie beim Brot auch immer wieder zu dunklen Brotsorten. Hier wird das Korn mit der Schale gemahlen, und in der Schale stecken viele gesunde Vitamine und Mineralstoffe. Bei hellen Brotsorten, wurde die Schale des Korns vor dem Mahlen des Mehls entfernt.

Warenkunde: Zu den wertvollsten Teilstücken eines Rindes gehört das Roastbeef. Es ist besonders mager, hat kaum Fetteinlagerungen und schmeckt dennoch wunderbar saftig-aromatisch. Roastbeef-Aufschnitt gibt es frisch beim Metzger oder in gut sortierten Fleischtheken.

# RÖSTKARTOFFEL-PAPRIKA-SALAT

- Zubereitungszeit: 20 Minuten, ohne Abkühl- und Durchziehzeit
  Garzeit: etwa 25 Minuten
- Vegetarisch

## ZUTATEN FÜR 4 PORTIONEN

800 g mittelgroße festkochende Kartoffeln
Salz
2 Zwiebeln
2–3 EL Pflanzenöl zum Braten
etwa 200 ml heiße Gemüsebrühe
4–6 EL Weißweinessig
gem. Pfeffer
1 Prise Cayennepfeffer
2 EL Olivenöl
2 Bund Schnittlauch
je 1 rote und gelbe Paprikaschote
200 g milder Fetakäse
100 g Brunnenkresse
   (alternativ 1–2 Kästchen Gartenkresse)

**PRO PORTION:**

E: 14 g, F: 25 g, Kh: 29 g, kcal: 410

1. Möglichst am Vortag Kartoffeln gründlich unter fließendem Wasser abbürsten. Knapp mit Wasser bedeckt in einen Topf geben. Etwas Salz zugeben und zugedeckt aufkochen. Kartoffeln etwa 25 Minuten garen.

2. Kartoffeln abgießen, kurz mit kaltem Wasser abschrecken und nach Möglichkeit über Nacht auskühlen lassen.

3. Zwiebeln abziehen und in feine Ringe schneiden. Kartoffeln pellen und in Scheiben oder Spalten schneiden.

4. Das Pflanzenöl in einer großen, beschichteten Pfanne erhitzen. Kartoffeln darin unter Wenden knusprig braten. Zwiebelringe zugeben und mitbraten.

5. Inzwischen Brühe, Essig, Salz, Pfeffer, Cayennepfeffer und Öl in einer Salatschüssel verquirlen. Röstkartoffeln und Zwiebelringe untermischen.

6. Schnittlauch abspülen, trocken schütteln und in feine Röllchen schneiden. Schnittlauch unter die Kartoffeln mischen. Salat ziehen lassen und gelegentlich durchmischen.

7. Paprika halbieren, entstielen, entkernen und die weißen Scheidewände entfernen. Paprika abspülen, abtropfen lassen und in Stücke schneiden. Feta grob zerbröckeln. Brunnenkresse verlesen, abspülen und trocken schleudern. Grobe Stiele von der Kresse abschneiden.

8. Feta und Paprika unter den Kartoffelsalat mischen, nochmals abschmecken. Mit der Brunnenkresse anrichten.

**TIPP:**

Für alle, die auf rohe Paprika etwas magenempfindlich reagieren, empfiehlt es sich, die Schoten zu schälen. Entweder die rohen Schoten mit einem Sparschäler sorgfältig schälen. Oder die Schoten im Backofen rösten und dann abziehen. Dazu den Backofen auf Oberhitze oder mittlere Grillfunktion vorheizen. Paprika halbieren, Stielansatz, weiße Scheidewände und Kerne entfernen. Paprika abspülen und mit der Hautseite nach oben in eine Auflaufform oder auf das mit Backpapier belegte Backblech legen. Unter dem heißen Grill, bzw. bei Oberhitze rösten, bis die Schalen anfangen schwarz zu werden. Herausnehmen und mit feuchtem Küchenpapier belegt auskühlen lassen. Dann lassen sich die Schalen ganz einfach abziehen. Das Paprikafleisch ist mild und leicht weich gegart.

## ROTE-BETE-SALAT MIT WALNUSSKERNEN, MINZE UND FETA

🕐 Zubereitungszeit: 25 Minuten, ohne Durchziehzeit
➕ Vegetarisch

### ZUTATEN FÜR 4 PORTIONEN

6 EL Olivenöl
75 g Walnusskernhälften
800 g Rote Bete, gekocht (vakuumverpackt)
4 EL Zitronensaft
1 EL Kreuzkümmel, ganz (Cumin)
1 TL Chiliflakes
Salz
1 kleiner Granatapfel
20 Minzeblättchen
150 g Fetakäse

### PRO PORTION:

E: 12 g, F: 36 g, Kh: 24 g, kcal: 483

**1.** Einen Esslöffel Olivenöl in einer Pfanne erhitzen. Die Walnusskernhälften darin unter Rühren goldbraun rösten und auf einem Teller erkalten lassen. Danach die Walnusskernhälften grob hacken.

**2.** Rote Bete in dickere Streifen schneiden und in eine Schüssel geben. Zitronensaft, restliches Olivenöl, Kreuzkümmel und Chiliflakes untermischen, mit Salz würzen. Rote Bete etwa 20 Minuten durchziehen lassen.

**3.** Granatapfel aufbrechen, die Kerne herauslösen und von den hellen Häuten trennen. Minzeblättchen abspülen, trocken tupfen und grob zerschneiden. Fetakäse grob zerbröseln.

**4.** Den Rote-Bete-Salat mit Walnusskernhälften, Fetabröseln, Granatapfelkernen und Minze bestreuen und servieren.

### TIPP:

Dazu passt geröstetes Fladenbrot.

## ROTE-BOHNEN-SCHAFSKÄSE-SALAT

🕐 Zubereitungszeit: 25 Minuten
✚ Vegetarisch

### ZUTATEN FÜR 6–8 PORTIONEN

3 große Dosen rote Bohnen
 (Abtropfgewicht je 285 g)
500 g Schafskäse
3–4 Zwiebeln
3–4 Knoblauchzehen
125 ml Olivenöl
5–7 EL Essig
3 TL körniger Senf
Salz, frisch gem. Pfeffer
2–3 EL Schnittlauchröllchen

### PRO PORTION:

E: 23 g, F: 20 g, Kh: 33 g, kcal: 429

**1.** Bohnen in ein Sieb gießen, abspülen und gut abtropfen lassen. Den Schafkäse in kleine Würfel schneiden.

**2.** Zwiebeln und Knoblauch abziehen, Zwiebeln in feine Würfel schneiden, Knoblauch durch eine Knoblauchpresse drücken. Alle Zutaten vermischen.

**3.** Olivenöl, Essig, Senf, Salz und Pfeffer verrühren. Die Salatsauce über die Salatzutaten geben, gut durchziehen lassen.

**4.** Mit Schnittlauch bestreuen.

### BEILAGE:

Warmes Fladenbrot.

### TIPP:

Nach Belieben geputzten und abgespülten Feldsalat unter die Salatzutaten mischen.

# ROTER-REIS-SALAT

- Zubereitungszeit: 60 Minuten, ohne Abkühlzeit
  Garzeit: 20–25 Minuten
- Vegan
- Glutenfrei

### ZUTATEN FÜR 2 PORTIONEN

60 g Camargue-Reis (roter Reis)
Salz
1 Aubergine (etwa 450 g)
1 TL Paprikapulver rosenscharf
6 große Mangoldblätter (etwa 450 g)
80 g abgetropfte Kichererbsen (aus der Dose)
30 g grüne Oliven, ohne Stein
½ TL Fenchelsamen
20 g abgetropfte Kapern (aus dem Glas)
3 EL Zitronensaft
300 ml vegane Gemüsebrühe
3 Stängel glatte Petersilie
2 EL Olivenöl, gem. Pfeffer

### PRO PORTION:

E: 13 g, F: 15 g, Kh: 37 g, kcal: 345

1. Den Reis in kochendem Salzwasser nach Packungsanleitung zubereiten. Dann in ein Sieb geben, gut abtropfen und erkalten lassen.

2. In der Zwischenzeit den Backofen vorheizen.
Ober-/Unterhitze: etwa 200 °C
Heißluft: etwa 180 °C

3. Aubergine abspülen, abtrocknen und den Stängelansatz entfernen. Aubergine schälen und in etwa 2 cm große Würfel schneiden. Auberginenwürfel auf ein Backblech (mit Backpapier belegt) geben, mit Salz und Paprika mischen.

4. Das Backblech in den vorgeheizten Backofen schieben. Die Auberginen 20–25 Minuten garen (sie sollen schön weich sein). Die Auberginen etwas abkühlen lassen, dann in einen hohen Rührbecher geben. Auberginen mit dem Pürierstab fein pürieren und erkalten lassen.

5. Mangold putzen, abspülen, abtropfen lassen und die Stiele keilförmig aus den Blättern schneiden. Anschließend die Blätter in kochendem Salzwasser etwa 1 Minute blanchieren, dann mit kaltem Wasser abschrecken und gut abtropfen lassen. Die Hälfte der Mangoldstiele (restliche Mangoldstiele anderweitig verwenden) in etwa ½ cm breite Streifen schneiden. Die Kichererbsen in einem Sieb mit kaltem Wasser abspülen, gut abtropfen lassen. Die Oliven klein schneiden.

6. Die Mangoldstiele mit Fenchelsamen und Salz in einer großen Pfanne ohne Fett bei starker Hitze kurz andünsten. Kapern, Oliven, Zitronensaft und Gemüsebrühe hinzugeben. Die Zutaten etwa 3 Minuten kochen lassen. Die Pfanne von der Kochstelle nehmen.

7. Petersilie abspülen, trocken tupfen und die Blättchen von den Stängeln zupfen, Blättchen grob zerschneiden. Petersilie, Reis, Kichererbsen und Olivenöl ebenfalls in die Pfanne geben und untermischen. Mit Salz und Pfeffer würzen.

8. Die Mangoldblätter vorsichtig trocken tupfen. Auf jedes Mangoldblatt etwas von dem Auberginenpüree geben. Die Blätter dann zu Päckchen aufrollen. Erst den Reissalat auf Tellern verteilen, dann die Mangold-Päckchen darauf anrichten.

# ROTKÄPPCHEN-SALAT

🕒 Zubereitungszeit: 35 Minuten
✚ Vegetarisch

**ZUTATEN FÜR 8–10 STÜCK**

4 mittelgroße Äpfel
500 g Emmentaler oder Gouda,
   in 3 mm dicke Scheiben geschnitten

**FÜR DIE MAYONNAISE:**

1 Eigelb (Größe M)
1–2 TL mittelscharfer Senf
1 EL Weißweinessig oder Zitronensaft
Salz
frisch gem. Pfeffer
1 TL Zucker
125 ml Speiseöl
150 g Vollmilchjoghurt
50 g abgezogene gehackte Mandeln

8–10 kleine Tomaten

**PRO STÜCK:**

E: 18 g, F: 35 g, Kh: 9 g, kcal: 449

---

**1.** Äpfel schälen, vierteln, entkernen und in Streifen schneiden. Käse ebenfalls in Streifen schneiden.

**2.** Für die Mayonnaise Eigelb mit Senf, Essig oder Zitronensaft, Salz, Pfeffer und Zucker zu einer dicklichen Masse verrühren. Speiseöl esslöffelweise unterschlagen.

**3.** Joghurt und Mandeln unterrühren. Die Mayonnaise nochmals abschmecken und sofort mit den Salatzutaten vermengen.

**4.** Tomaten waschen, abtrocknen und jeweils einen Deckel abschneiden. Tomaten aushöhlen, mit dem Salat füllen und die Deckel wieder darauflegen. Eventuell restlichen Salat dazureichen.

**TIPPS:**

Hinweis: Nur ganz frische Eier verwenden (Legedatum beachten, mind. 23 Tage Resthaltbarkeit). Salat im Kühlschrank aufbewahren und innerhalb von 24 Stunden verzehren.

Schneller geht es, wenn Sie 175 g fertige Salatmayonnaise verwenden, mit der oben angegebenen Menge Joghurt und Mandeln verrühren und eventuell mit den Gewürzen abschmecken.

# ROTKOHL-ORANGEN-SALAT

🕐 Zubereitungszeit: 30 Minuten
✚ Vegetarisch

**ZUTATEN FÜR 4 PORTIONEN**

600 g Rotkohl
2 Orangen (etwa 300 g)

**FÜR DIE SAUCE:**

1 Banane (etwa 150 g)
300 g Joghurt (1,5 % Fett)
1 EL Nussöl
2 EL Schnittlauchröllchen
Salz
gem. Pfeffer

15 g Pinienkerne

**PRO PORTION:**

E: 6 g, F: 6 g, Kh: 17 g, kcal: 154

1. Rotkohl putzen, vierteln und den Strunk herausschneiden. Rotkohl auf einem Gemüsehobel hobeln.

2. Die Orangen so schälen, dass die weiße Haut mit entfernt wird. Die Orangen filetieren, dabei den Saft auffangen.

3. Für die Salatsauce die Banane schälen, in Stücke schneiden, mit Joghurt und Nussöl in einen hohen Rührbecher geben. Die Zutaten mit einem Pürierstab fein pürieren. Dann die Sauce mit dem aufgefangenen Orangensaft und den Schnittlauchröllchen verrühren, mit Salz und Pfeffer würzen.

4. Den Rotkohl mit den Orangen in einer Schüssel mischen. Die Sauce daraufgeben. Den Salat mit Pinienkernen bestreut servieren.

**TIPPS:**

Die Pinienkerne schmecken intensiver, wenn Sie sie vorher in einer Pfanne ohne Fett unter Wenden goldbraun rösten.
Versuchen Sie den Salat auch einmal statt mit Orangen mit einer großen filetierten rosa Grapefruit.
Die Pinienkerne können Sie durch jede andere Nuss oder durch Sonnenblumenkerne ersetzen.
Für einen veganen Rotkohl-Orangen-Salat ersetzen Sie das Joghurt-Dressing durch ein Essig- und Öl-Dressing.

## ROTKOHL-SALAT MIT PUTENSCHNITZELCHEN

⏲ Zubereitungszeit: 40 Minuten, ohne Durchziehzeit
Bratzeit: 4–6 Minuten

### ZUTATEN FÜR 4 PORTIONEN

½ Rotkohl (etwa 400 g)
200 g Pastinaken
Salz

### FÜR DAS DRESSING:

2 EL Ahornsirup
4 EL Himbeeressig
2 EL Sahnemeerrettich (aus dem Glas)
50 g Crème fraîche
50 ml Milch (1,5 % Fett)
gem. Pfeffer

100 g Radicchio
½ rotschaliger Apfel, z. B. Jonagold
8 Minzeblättchen
8 kleine Putenschnitzel (je etwa 50 g)
1–2 EL Speiseöl zum Braten
75 g Granatapfelkerne

### PRO PORTION:

E: 27 g, F: 9 g, Kh: 22 g, kcal: 287

---

**1.** Vom Rotkohl die äußeren Blätter entfernen. Rotkohlhälfte halbieren und den Strunk herausschneiden. Rotkohl abspülen und trocken tupfen. Den Kohl in sehr feine Streifen schneiden oder hobeln.

**2.** Pastinaken putzen, schälen, abspülen und abtropfen lassen. Pastinaken auf der groben Seite der Haushaltsreibe raspeln. Kohl und Pastinaken in eine Schüssel geben, mit etwa 1 Teelöffel Salz mit den Händen verkneten. Anschließend zugedeckt etwa 30 Minuten durchziehen lassen.

**3.** Für das Dressing Ahornsirup mit Himbeeressig, Meerrettich, Crème fraîche, Milch, Salz und Pfeffer gut verrühren. Das Dressing mit dem Rotkraut-Salat gut vermischen.

**4.** Radicchio putzen, abspülen, gut abtropfen lassen oder trocken schleudern. Radicchio in feine Streifen schneiden. Den Apfel abspülen, abtrocknen, vierteln und entkernen. Den Apfel mit Schale in feine Streifen schneiden.

**5.** Radicchio- und Apfelstreifen kurz vor dem Servieren unter den Rotkraut-Salat mischen. Die Minzeblättchen abspülen und trocken tupfen. Minzeblättchen klein schneiden.

**6.** Die Putenschnitzel mit Küchenpapier abtupfen. Putenschnitzel mit Salz und Pfeffer würzen. Das Speiseöl in einer Pfanne erhitzen. Die Schnitzelchen darin bei starker Hitze von jeder Seite 2–3 Minuten braten.

**7.** Die Putenschnitzelchen auf dem Salat anrichten, mit Minze und Granatapfelkernen bestreuen. Den Salat sofort servieren.

# RUCOLA-ZUCKERSCHOTEN-SALAT MIT KARTOFFELDRESSING

- ⏱ Zubereitungszeit: 30 Minuten, ohne Abkühlzeit
- ✚ Vegetarisch

## ZUTATEN FÜR 4 PORTIONEN

200 g Zuckerschoten
Salz
1 Kohlrabi (etwa 250 g)
1 gelbe Paprikaschote (etwa 200 g)
½ Salatgurke (etwa 175 g)
1 dickes Bund Radieschen (etwa 300 g)
125 g Rucola (Rauke)

### FÜR DAS KARTOFFELDRESSING:

150 g gegarte Pellkartoffel, z.B. vom Vortag
etwa 200 ml Gemüsebrühe
2 EL Olivenöl (20 g)
½–1 TL mittelscharfer Senf
½–1 TL flüssiger Honig
2 EL Zitronensaft
1 EL Balsamico-Essig
gem. Pfeffer
1 TL gehackte TK-Petersilie

### PRO PORTION:

E: 6 g, F: 6 g, Kh: 19 g, kcal: 155

1. Von den Zuckerschoten die Enden abschneiden. Die Schoten evtl. abfädeln. Zuckerschoten abspülen und in kochendem Salzwasser etwa 2 Minuten blanchieren. Danach mit kaltem Wasser abschrecken und abtropfen lassen. Die Zuckerschoten evtl. quer halbieren und abkühlen lassen.

2. Kohlrabi schälen, abspülen und abtropfen lassen. Kohlrabi in feine Stifte schneiden. Paprikaschote halbieren, entstielen, entkernen und die weißen Scheidewände entfernen. Schotenhälften abspülen, abtropfen lassen und in kleine Würfel schneiden.

3. Die Salatgurke abspülen, abtrocknen und das Ende abschneiden. Anschließend Gurke längs halbieren, entkernen und in dünne Scheiben schneiden.

4. Die Radieschen putzen. Die Blätter und Stiele entfernen. Radieschen waschen, abtropfen lassen und in dünne Scheiben schneiden.

5. Rucola verlesen und dicke Stängel abschneiden. Rucola abspülen, gut abtropfen lassen oder trocken schleudern und evtl. etwas kleiner zupfen.

6. Für das Kartoffeldressing die Pellkartoffel pellen und in Stücke schneiden. Die Kartoffelstücke und die Gemüsebrühe in einen hohen Rührbecher geben.

7. Die Zutaten mit einem Pürierstab so fein pürieren, dass ein cremiges Dressing entsteht. Anschließend das Olivenöl, den Senf und den Honig hinzufügen und unterrühren.

8. Das Kartoffeldressing mit Zitronensaft, Balsamico-Essig, Salz und Pfeffer abschmecken. Zuletzt die gehackte Petersilie unter das Dressing rühren.

9. Vor dem Servieren Zuckerschoten, Kohlrabistifte, Paprikawürfel, Gurken- und Radieschenscheiben mit Rucola vermischen und auf Tellern verteilen.

10. Das Kartoffeldressing über den Salat träufeln.

**BEILAGE:**

Sie 250 g frisches Baguette als Beilage.

**REZEPTVARIANTE:**

Wenn Sie es etwas gehaltvoller mögen, können Sie zusätzlich noch 4 hart gekochte Eier (Größe M) in Achtel schneiden und mit unter den Salat mischen.

**TIPPS:**

Wer es noch etwas würziger mag, rührt jeweils noch ½ Esslöffel mehr Zitronensaft und Balsamico-Essig mit unter das Kartoffeldressing.
Wenn Sie keine frischen Zuckerschoten bekommen, können Sie auch TK-Zuckerschoten verwenden. Diese nach Packungsanleitung garen, mit kaltem Wasser abschrecken und abtropfen lassen.

# SALAT GANZ IN GRÜN

⏱ Zubereitungszeit: 50 Minuten
✚ Vegetarisch

### ZUTATEN FÜR 6 PORTIONEN

etwa 500 g Erbsenschoten (ungepalte Erbsen mit Hülsen) oder 200 g TK-Erbsen
400 g junge grüne Bohnen
400 g Zuckerschoten
Salz
125 g Babyspinat
2 Schalotten
½ Topf Minze
100 ml Olivenöl
1 TL flüssiger Honig
Saft von 1 Limette
gem. Pfeffer
2 EL Sesamsamen

### PRO PORTION:

E: 8 g, F: 19 g, Kh: 16 g, kcal: 267

**1.** Die Erbsen aus den Schoten palen. TK-Erbsen in kaltem Wasser auftauen (so werden sie nicht so schrumpelig) und dann in einem Sieb abtropfen lassen.

**2.** Von den Bohnen und Zuckerschoten die Enden abschneiden, evtl. abfädeln. Bohnen und Zuckerschoten abspülen und abtropfen lassen. Die Bohnen je nach Länge evtl. 1-mal durchschneiden.

**3.** Die Erbsen in kochendem Salzwasser etwa 5 Minuten garen, dann mit einer Schaumkelle herausnehmen, mit kaltem Wasser abschrecken und abtropfen lassen. Danach das Salzwasser wieder zum Kochen bringen und die Bohnen darin etwa 5 Minuten garen, anschließend die Zuckerschoten hinzugeben und die Bohnen mit den Zuckerschoten weitere etwa 3 Minuten garen. Die Bohnen und Zuckerschoten mit einer Schaumkelle herausnehmen, ebenfalls in ein Sieb geben, mit kaltem Wasser abschrecken und abtropfen lassen.

**4.** Spinat verlesen, gründlich waschen, gut abtropfen lassen oder trocken schleudern. Schalotten abziehen und würfeln. Die Minze abspülen, trocken tupfen und die Blättchen von den Stängeln zupfen.

**5.** Etwa die Hälfte der Minzeblättchen mit 1 guten Prise Salz zum Olivenöl geben und pürieren. Das Minzöl mit Honig und Limettensaft abschmecken. Restliche Minzeblättchen in Streifen schneiden.

**6.** Erbsen mit Bohnen, Zuckerschoten, Spinatblättern und Schalottenwürfeln vermischen. Das Minzöl untermischen. Den Salat mit Salz und Pfeffer würzen.

**7.** Den Salat portionsweise in Schälchen oder auf einer großen Platte anrichten, mit Minzestreifen und Sesam bestreuen und servieren.

### TIPP:

Erbsen, Bohnen und Zuckerschoten können 4–5 Stunden vor dem Anrichten gegart werden. Auch das Minzöl kann vorbereitet werden. Gemüse und Minzöl dann zugedeckt in den Kühlschrank stellen. Etwa 45 Minuten vor dem Servieren die restlichen Salatzutaten vorbereiten und den Salat anrichten.

## SALAT MIT GEBRATENEM HÄHNCHENFILET

🕐 Zubereitungszeit: 30 Minuten

### ZUTATEN FÜR 4 PORTIONEN

350 g Hähnchenbrustfilet
Salz
frisch gem. Pfeffer
2 TL Speiseöl, z. B. Olivenöl (8 ml)
4 Scheiben Vollkornbrot (je 50 g)
1 EL Speiseöl, z. B. Olivenöl (10 ml)
1 Knoblauchzehe
300 g fettarmer Joghurt (1,5 % Fett)
2 TL frische gehackte oder TK-Kräuter
1 Bund Frühlingszwiebeln (etwa 250 g)
2 Bund Radieschen (etwa 500 g)
400 g Eisbergsalat
300 g Kohlrabi
2 EL ungesalzene Erdnusskerne

### PRO PORTION:

E: 32 g, F: 10 g, Kh: 34 g, kcal: 357

1. Hähnchenbrustfilet mit Küchenpapier abtupfen und mit Salz und Pfeffer bestreuen. Speiseöl in einer Pfanne erhitzen. Hähnchenfilet darin von allen Seiten gut anbraten, unter gelegentlichem Wenden 8–10 Minuten braten. Hähnchenfilet aus der Pfanne nehmen.

2. Brot in kleine Würfel schneiden. Öl in der Pfanne erhitzen und die Brotwürfel darin unter Rühren knusprig braten.

3. Knoblauch abziehen und fein hacken. Joghurt mit Knoblauch und Kräutern verrühren, mit Salz und Pfeffer abschmecken.

4. Frühlingszwiebeln, Radieschen und Salat putzen, abspülen und gut abtropfen lassen. Kohlrabi schälen, abspülen und abtropfen lassen. Gemüse in kleine Stücke schneiden und mit dem Kräuterjoghurt gut vermischen.

5. Hähnchenfilet in Scheiben schneiden und mit dem Salat anrichten. Salat mit Erdnüssen und Brotwürfeln bestreut servieren.

## SALAT VON ZWEIERLEI BOHNEN

🕐 Zubereitungszeit: 10 Minuten, ohne Durchziehzeit
✚ Vegetarisch

### ZUTATEN FÜR 4 PORTIONEN

250 g abgetropfte Kidneybohnen (aus der Dose)
250 g abgetropfte weiße Bohnen (aus der Dose)
140 g abgetropfter Gemüsemais (aus der Dose)
2 kleine grüne Paprikaschoten (je etwa 150 g)
3 kleine Tomaten
1 rote Zwiebel
100 g Frischkäse mit Joghurt (13 % Fett)
100 ml Milch (3,5 % Fett)
2–3 EL Limetten- oder Zitronensaft
Salz, gem. Pfeffer

### ZUSÄTZLICH:

einige Blätter Eisbergsalat zum Auslegen der Schüssel

### PRO PORTION:

E: 17 g, F: 6 g, Kh: 31 g, kcal: 250

1. Kidneybohnen, weiße Bohnen und Gemüsemais in einem Sieb mit kaltem Wasser abspülen und gut abtropfen lassen. Die Paprikaschoten halbieren, entstielen, entkernen und die weißen Scheidewände entfernen. Die Schotenhälften abspülen, abtropfen lassen und fein würfeln.

2. Die Tomaten abspülen, abtrocknen, halbieren und die Stängelansätze herausschneiden. Die Tomaten in dünne Scheiben schneiden. Zwiebel abziehen, halbieren und in feine Ringe schneiden.

3. Den Frischkäse mit der Milch und 1 ½ Esslöffeln von dem Limetten- oder Zitronensaft in einen hohen Rührbecher geben und mit einem Mixer (Rührstäbe) verrühren. Die Sauce mit Salz, Pfeffer und nach Belieben mit etwas Limetten- oder Zitronensaft würzen.

4. Sauce mit den vorbereiteten Salatzutaten vermischen und zugedeckt etwas durchziehen lassen.

5. Die Salatblätter abspülen, gut abtropfen lassen oder trocken tupfen und eine Schüssel damit auslegen. Den Bohnensalat nochmals mit Limetten- oder Zitronensaft, Salz und Pfeffer abschmecken und in einer Schüssel anrichten.

# SALAT VON ZWEIERLEI KOHL

🕐 Zubereitungszeit: 45 Minuten
✚ Vegetarisch

### ZUTATEN FÜR 6 PORTIONEN

1 Rotkohl (etwa 700 g)
1 Spitzkohl (etwa 600 g)
1 gestr. TL Salz
1 TL Zucker
weißer gem. Pfeffer

2 Orangen

### FÜR DAS DRESSING:

2 EL Apfelessig
1–2 EL flüssiger Honig
3 EL Sonnenblumenöl
Salz

125 g Walnusskerne

### PRO PORTION:

E: 7 g, F: 20 g, Kh: 15 g, kcal: 270

**1.** Die Kohlköpfe putzen, dabei die äußeren Blätter entfernen. Die Kohlköpfe vierteln und jeweils den Strunk herausschneiden.

**2.** Die Kohlviertel längs halbieren und quer in möglichst feine Streifen schneiden oder hobeln.

**3.** Die Kohlstreifen in eine große Schüssel geben. Salz und Zucker hinzugeben. Die Kohlstreifen mit den Händen gut durch- und weichkneten. Die Kohlstreifen zugedeckt etwas ziehen lassen.

**4.** In der Zwischenzeit die Orangen so schälen, dass die weiße Haut mit entfernt wird. Die Orangen filetieren. Die Orangenfilets halbieren. Dabei austretenden Saft auffangen.

**5.** Für das Dressing aufgefangenen Orangensaft mit Apfelessig und Honig verrühren. Sonnenblumenöl unterschlagen.

**6.** Das Dressing mit Salz und Pfeffer würzen und unter die durchgezogenen Kohlstreifen mischen. Orangenfilets unterheben.

**7.** Die Walnusskerne in einer Pfanne ohne Fett unter gelegentlichem Rühren anrösten und dann grob hacken. Salat mit den gehackten Walnusskernen bestreut servieren.

### TIPP:

Der Salat lässt sich bis einschließlich Punkt 4 schon 2 Tage vor dem Servieren zubereiten. Den Salat dann zugedeckt im Kühlschrank durchziehen lassen. Etwa 30 Minuten vor dem Servieren den Salat aus dem Kühlschrank nehmen. Die Walnusskerne rösten und hacken. Den Salat nochmals durchmischen, abschmecken und mit den Nusskernen servieren.

NEUE SALATE

# SALATTORTE

⏱ Zubereitungszeit: 60 Minuten, ohne Durchziehzeit

**ZUTATEN FÜR 12 PORTIONEN**

**FÜR DIE SALATTORTE:**

1 kleiner Eisbergsalat
1 Salatgurke
1 Gemüsezwiebel
500 g Tomaten
1 Stange Lauch
250 g Kochschinken, in dünnen Scheiben
5 hart gekochte Eier
1 Bund Radieschen
250 g Gouda, im Stück

**FÜR DIE SALATSAUCE:**

350 g Salatmayonnaise
200 g Schlagsahne
5–6 EL Milch (3,5 % Fett)
1 TL Italienische Gewürzzubereitung
Salz, gem. Pfeffer, Zucker
2 EL klein geschnittene Petersilie
6 EL Schnittlauchröllchen

12 Cocktailtomaten
12 kleine Holzspieße

**PRO PORTION:**

E: 15 g, F: 30 g, Kh: 7 g, kcal: 361

1. Für die Salattorte Eisbergsalat putzen, halbieren, abspülen und abtropfen lassen. Salat in grobe Streifen schneiden.

2. Die Gurke abspülen, abtrocknen und die Enden abschneiden, evtl. schälen. Die Gurke in dünne Scheiben schneiden. Gemüsezwiebel abziehen, halbieren und in Scheiben schneiden.

3. Tomaten abspülen, abtrocknen, halbieren und die Stängelansätze herausschneiden. Die Tomaten in Scheiben schneiden. Lauch putzen, die Stange längs halbieren, gründlich waschen und gut abtropfen lassen. Lauch in feine Streifen schneiden.

4. Schinken in Stücke schneiden. Eier pellen und in Scheiben schneiden. Radieschen putzen, abspülen, trocken tupfen und ebenfalls in Scheiben schneiden. Käse grob raspeln.

5. Die vorbereiteten Zutaten in der Reihenfolge der Zutatenliste in eine Springform (Ø 28 cm) schichten, dabei jede Lage etwas andrücken. Zuletzt den geraspelten Käse daraufstreuen. Die Salattorte zugedeckt im Kühlschrank 12–24 Stunden durchziehen lassen.

6. Die Salatsauce kurz vor dem Servieren zubereiten. Dafür die Mayonnaise mit Sahne und Milch gut verrühren. Die Sauce mit Gewürzzubereitung, Salz, Pfeffer und Zucker würzen, Petersilie und Schnittlauchröllchen unterrühren.

7. Die Cocktailtomaten abspülen, trocken tupfen, halbieren und die Stängelansätze entfernen. Tomatenhälften mit Holzspießen spicken. Die Salattorte mit den Cocktailtomaten wie eine Torte garnieren.

8. Den Springformrand vorsichtig lösen, die Torte mit einem Sägemesser oder besser noch mit einem elektrischen Messer in Stücke schneiden. Die Salatsauce separat zu der Salattorte reichen.

**TIPPS:**

Belegen Sie die Oberfläche der Salattorte vor dem Durchziehen mit Frischhaltefolie. Beschweren Sie die Torte mit einem passenden, flachen Teller, so hält sie gut zusammen.
Die Salattorte ist ideal zum Vorbereiten am Vortag, da sie gut durchziehen muss.

# SAUERKRAUT-FEIGEN-SALAT

🕐 Zubereitungszeit: 30 Minuten
+ Vegetarisch

**ZUTATEN FÜR 6 PORTIONEN**

600 g Sauerkraut
150 g getrocknete Feigen
250 g Ananas-Fruchtfleisch
200 g Schlagsahne
1–2 EL flüssiger Honig
gem. Zimt
gem. Nelken
½ TL Geriebene Zitronenschale
   (aus dem Päckchen)

**PRO PORTION:**

E: 4 g, F: 11 g, Kh: 26 g, kcal: 235

**1.** Sauerkraut mit einer Gabel auseinanderzupfen und in eine große Schüssel geben. Von den Feigen die Stiele entfernen. Feigen in dünne Scheiben schneiden. Ananas-Fruchtfleisch in kleine Stücke schneiden.

**2.** Sahne halbsteif schlagen. Mit Honig, Zimt, Nelken und Zitronenschale würzen. Die Sahnesauce mit den Salatzutaten vermengen. Den Salat nochmals mit den Gewürzen abschmecken.

**TIPPS:**

Statt der frischen Ananas können Sie auch 1 Dose abgetropfte Ananasstücke (Abtropfgewicht 500 g) verwenden.
Oder ersetzen Sie die Hälfte des Ananas-Fruchtfleisches durch Orangen-Fruchtfleisch. Dafür 3–4 Orangen filetieren. Die Salatzutaten in Portionsschälchen füllen und die Sahnesauce darauf verteilen. Mit gemahlenem Zimt bestäuben.

# SCHICHTSALAT

⏱ Zubereitungszeit: 50 Minuten, ohne Abkühl- und Durchziehzeit
✚ Vegetarisch

### ZUTATEN FÜR 12 PORTIONEN

500 g grüner Spargel
3–4 Bund Frühlingszwiebeln
Salz
2 Bund Radieschen
4 rote Paprikaschoten
8 hart gekochte Eier

### FÜR DIE SAUCE:

200 g Doppelrahm-Frischkäse
300 g Joghurt (3,5 % Fett)
150 g Schlagsahne
100 g Tomatenketchup
2 TL ger. Meerrettich
Salz, gem. Pfeffer, Zucker
½ TL Paprikapulver edelsüß
1 kg abgespülte, abgetropfte Kidneybohnen (aus der Dose)
855 g abgetropfter Gemüsemais (aus der Dose)

### PRO PORTION:

E: 20 g, F: 15 g, Kh: 37 g, kcal: 371

1. Vom grünen Spargel das untere Drittel schälen und die unteren Enden abschneiden. Spargel abspülen, abtropfen lassen und in kleine Stücke schneiden. Die Frühlingszwiebeln putzen, abspülen, abtropfen lassen und in dünne Scheiben schneiden.

2. Wasser in einem Topf zum Kochen bringen, Salz hinzugeben. Zuerst die Spargelstücke darin etwa 5 Minuten garen. Dann die Spargelstücke mit eine Schaumkelle herausnehmen, mit kaltem Wasser abschrecken, abtropfen und erkalten lassen.

3. Anschließend die Frühlingszwiebelscheiben in dem kochenden Salzwasser kurz blanchieren, in ein Sieb geben, mit kaltem Wasser abschrecken, abtropfen und erkalten lassen.

4. Radieschen putzen, abspülen, abtropfen lassen und in dünne Scheiben schneiden. Paprikaschoten halbieren, entstielen, entkernen und die weißen Scheidewände entfernen. Schoten abspülen, abtropfen lassen und in feine Streifen schneiden. Die Eier pellen und in Scheiben schneiden.

5. Für die Sauce Frischkäse mit Joghurt, Sahne, Ketchup und Meerrettich verrühren. Die Sauce mit Salz, Pfeffer, Zucker und Paprika würzen.

6. Jeweils die Hälfte der Zutaten schichtweise in eine große Salatschüssel geben (z. B. in folgender Reihenfolge: Kidneybohnen, Frühlingszwiebeln, Radieschen, Eier, Paprika, Spargel, Mais, Salatsauce). Nun die andere Hälfte der Zutaten ebenso daraufschichten oder in einer weiteren Salatschüssel einschichten.

7. Den Salat zugedeckt im Kühlschrank etwa 1 Stunde durchziehen lassen.

### TIPP:

Den Salat zum Servieren mit einigen Spargelspitzen, Eierspalten, Paprikastreifen, Radieschenscheiben, Mais und Kidneybohnen garnieren. Die Zutaten zum Garnieren bereits bei der Salatzubereitung beiseitestellen.

# SCHICHTSALAT MIT CURRY-DRESSING

🕐 Zubereitungszeit: 35 Minuten,
ohne Abkühl- und Durchziehzeit
Garzeit: etwa 30 Minuten

### ZUTATEN FÜR 10 PORTIONEN

250 g festkochende Kartoffeln
125 g griechische Nudeln (Kritharaki)
250 g Eisbergsalat
3 hart gekochte Eier
340 g abgetropfte Ananasstücke (aus der Dose)
125 g Kochschinken

### FÜR DAS DRESSING:

250 ml Currysauce (aus der Flasche)
150 g Salatmayonnaise
150 g Crème fraîche
100 ml Ananassaft (aus der Dose)
Salz
gem. Pfeffer
Cayennepfeffer

285 g abgetropfter Gemüsemais (aus der Dose)
370 g abgetropfter Sellerie in Streifen (aus dem Glas)
2 EL Röstzwiebeln (Fertigprodukt)

### PRO PORTION:

E: 9 g, F: 21 g, Kh: 30 g, kcal: 353

**1.** Kartoffeln gründlich waschen, in einem Topf knapp mit Wasser bedeckt, zugedeckt zum Kochen bringen und bei mittlerer Hitze in 20–25 Minuten gar kochen. Kartoffeln abgießen, abtropfen lassen, heiß pellen, etwas abkühlen lassen und in Scheiben schneiden.

**2.** Wasser in einem Topf zugedeckt zum Kochen bringen. Dann Salz und Nudeln hinzugeben. Die Nudeln im geöffneten Topf bei mittlerer Hitze nach Packungsanleitung bissfest kochen, dabei gelegentlich umrühren.

**3.** Anschließend die Nudeln auf ein Sieb geben, mit kaltem Wasser abspülen, abtropfen und vollständig erkalten lassen.

**4.** Eisbergsalat putzen, abspülen, abtropfen lassen und in kleine Stücke schneiden. Eier pellen und in Scheiben schneiden.

**5.** Von den Ananasstücken den Saft auffangen und 100 ml Saft abmessen. Die Ananasstücke nochmals zerkleinern. Schinken in kleine Würfel schneiden.

**6.** Für das Dressing Currysauce mit Mayonnaise, Crème fraîche und Ananassaft verrühren, mit Salz, Pfeffer und Cayennepfeffer würzen und abschmecken.

**7.** Die vorbereiteten Zutaten schichtweise in eine hohe Schüssel (Ø 30 cm, Höhe 15 cm) einschichten, dabei auf jede Schicht etwas von dem Dressing geben. Oder den Salat portionsweise in Gläsern einschichten. Die erste und die letzte Schicht sollten aus Eisbergsalat bestehen.

**8.** Den Salat mindestens 2 Stunden durchziehen lassen.

**9.** Den Salat kurz vor dem Servieren mit Röstzwiebeln bestreuen.

### TIPPS:

Der Salat lässt sich maximal 1 Tag im Voraus zubereiten.
Statt griechischer Nudeln können Sie auch Reis verwenden.

VON A–Z

S

# SCHWEDISCHER SOMMERSALAT

⏱ Zubereitungszeit: 30 Minuten, ohne Abkühlzeit

### ZUTATEN FÜR 4 PORTIONEN

**FÜR DEN SALAT:**

150 g Langkornreis, Salz
3 Hähnchenbrustfilets
gem. schwarzer Pfeffer
3 EL Olivenöl
1 Grapefruit

**FÜR DIE MARINADE:**

1 TL abgetropfte grüne Pfefferkörner (in Lake)
2 EL Himbeeressig
etwas Chilipulver

250 g frische Erdbeeren

**PRO PORTION:**

E: 28 g, F: 8 g, Kh: 37 g, kcal: 343

1. Für den Salat den Reis in kochendem Salzwasser nach Packungsanleitung zubereiten (der Reis soll locker und körnig sein).

2. In der Zwischenzeit die Hähnchenbrustfilets mit Küchenpapier abtupfen, mit Salz und Pfeffer würzen.

3. Einen Esslöffel Olivenöl in einer Pfanne erhitzen. Die Hähnchenbrustfilets darin von allen Seiten gut anbraten, dann bei mittlerer bis starker Hitze etwa 10 Minuten garen, dabei 1–2-mal wenden.

4. Hähnchenbrustfilets aus der Pfanne nehmen und abkühlen lassen. Den gegarten Reis in einem Sieb gut abtropfen und abkühlen lassen.

5. Die Grapefruit so schälen, dass die weiße Haut mit entfernt wird. Die Grapefruitfilets mit einem scharfen Messer zwischen den Trennhäuten herausschneiden, dabei den Saft auffangen. Die Trennhäute ausdrücken und davon ebenfalls den Saft auffangen. Grapefruitspalten in Stücke schneiden.

6. Für die Marinade die Pfefferkörner mit einem großen Messer fein hacken. Die Pfefferkörner mit Himbeeressig, Salz, Chili, 5 Esslöffeln Grapefruitsaft und restlichem Olivenöl (etwa 2 Esslöffel) gut verrühren.

7. Die abgekühlten Hähnchenbrustfilets zunächst längs halbieren, dann quer in kleine Stücke schneiden.

8. Den Reis mit den Hähnchen- und Grapefruitstücken und der Marinade vermischen. Den Salat mit 2–3 Esslöffeln Grapefruitsaft sowie Chili und evtl. etwas Salz abschmecken.

9. Die Erdbeeren abspülen, abtropfen lassen und entstielen. Anschließend die Erdbeeren der Länge nach in Scheiben schneiden und kreisförmig auf eine große Platte legen. In die Mitte den Reissalat geben.

## SECHSER SALAT

🕐 Zubereitungszeit: 30 Minuten, ohne Durchziehzeit

**ZUTATEN FÜR 8 PORTIONEN**

6 gegarte Pellkartoffeln (etwa 600 g)
6 kleine Äpfel (etwa 780 g)
6 hart gekochte Eier
6 Gewürzgurken (etwa 150 g)
6 Zwiebeln (etwa 300 g)
6 Scheiben Fleischwurst (etwa 300 g)

**FÜR DIE SAUCE:**

150 g Salatmayonnaise (50 % Fett)
1 Becher (150 g) Vollmilchjoghurt
1 gestr. EL mittelscharfer Senf
Salz, frisch gem. Pfeffer
1 Prise Zucker

**PRO PORTION:**

E: 13 g, F: 25 g, Kh: 23 g, kcal: 375

**1.** Kartoffeln pellen und in Scheiben schneiden. Äpfel schälen, vierteln, entkernen und in Stücke schneiden. Eier pellen und in Scheiben schneiden. Gewürzgurken abtropfen lassen und ebenfalls in Scheiben schneiden.

**2.** Zwiebeln abziehen, halbieren und in Streifen schneiden. Zwiebelstreifen in kochendem Salzwasser etwa 3 Minuten blanchieren, anschließend auf ein Sieb geben, mit kaltem Wasser übergießen und abtropfen lassen. Fleischwurst in Streifen schneiden.

**3.** Die vorbereiteten Salatzutaten in eine große Schüssel geben und mischen.

**4.** Für die Sauce Mayonnaise mit Joghurt und Senf verrühren, mit Salz, Pfeffer und Zucker abschmecken. Die Sauce zu den Salatzutaten geben und untermengen. Den Salat gut durchziehen lassen.

**TIPP:**

Versuchen Sie den Salat auch einmal mit einer kräftigen Wurstsorte, z. B. mit einer Krakauer.

NEUE SALATE

# SOBANUDEL-SALAT MIT SHIITAKE

🕐 Zubereitungszeit: 25 Minuten, ohne Abkühlzeit
➕ Vegetarisch

**ZUTATEN FÜR 4 PORTIONEN**

Salz
250 g asiatische Buchweizennudeln (Soba; ersatzweise z. B. Weizen- oder Dinkel-Vollkornspaghetti)

25–30 g eingelegter Ingwer (Gari)
2 heller Essig, z. B. Reis- oder Weißweinessig
1 EL Zitronensaft
3–4 EL Sojasauce
gem. Pfeffer
2 EL Sesamöl

5 EL Soja- oder Rapsöl
150 g TK-Erbsen
2 mittelgroße Möhren
125 g Shiitakepilze (alternativ Champignons)
2–3 Frühlingszwiebeln
evtl. etwa 50 ml heiße Gemüsebrühe

1–2 EL Noriflocken (getrocknete Algen in feinen Streifen; z. B. aus dem Naturkostladen)

**PRO PORTION:**

E: 14 g, F: 20 g, Kh: 52 g, kcal: 451

1. Reichlich Wasser in einem Topf aufkochen. Etwa 2 Teelöffel Salz und die Nudeln zugeben, umrühren. Nudeln nach Packungsanleitung bissfest garen.

2. Inzwischen eingelegten Ingwer abtropfen lassen und fein hacken. Mit Reisessig, Zitronensaft, Sojasauce, Pfeffer, Sesamöl und 1 Esslöffel Sojaöl in einer Schüssel verquirlen.

3. Nudeln abgießen, gut abtropfen lassen und noch heiß mit der Marinade mischen. Lauwarm abkühlen lassen.

4. In der Zwischenzeit die Erbsen antauen lassen. Möhren putzen, schälen und in sehr feine Stifte schneiden oder auf einer Küchenreibe nicht zu fein raspeln. Pilze putzen, mit Küchenpapier abreiben. Ggf. sehr dicke Stiele abschneiden und große Pilze evtl. halbieren.

5. 1 Esslöffel Soja- oder Rapsöl in einer Pfanne erhitzen, die Erbsen darin unter Wenden etwa ½ Minute knackig andünsten. Mit den Möhrenstreifen unter die Nudeln mischen.

6. Frühlingszwiebeln putzen, abspülen und abtropfen lassen. Frühlingszwiebeln in feine Scheiben schneiden. Restliches Soja- oder Rapsöl ins Bratfett in der Pfanne geben und erhitzen. Pilze darin bei starker Hitze unter Wenden 1–2 Minuten braten. Frühlingszwiebeln kurz mitbraten, mit Salz und Pfeffer würzen. Ebenfalls unter die Nudeln mischen. Evtl. noch etwas heiße Brühe unter den Salat rühren. Salat mit Sojasauce und Pfeffer abschmecken. Mit den Noriflocken anrichten.

**TIPP:**

Sie lieben es angenehm feinwürzig-scharf und leicht exotisch? Dann streuen Sie vor dem Servieren 1–2 Handvoll frische Daikon-Kesse über den Salat.

## SPAGHETTISALAT

- Zubereitungszeit: 30 Minuten
- Vegetarisch

**ZUTATEN FÜR 4 PORTIONEN**

500 g Spaghetti

150 g abgetropfte getrocknete Tomaten, in Öl
125 g abgetropfte schwarze Oliven, ohne Stein
1 Knoblauchzehe
1 EL Tomatenmark
einige Stängel Basilikum
3 EL Olivenöl
Salz
gem. Pfeffer
60 g frisch gehobelter Parmesan

**PRO PORTION:**

E: 25 g, F: 21 g, Kh: 100 g, kcal: 704

**1.** Die Spaghetti nach Packungsanleitung garen. Dafür Wasser in einem großen Topf zugedeckt zum Kochen bringen. Dann Salz und Spaghetti hinzugeben. Die Spaghetti im geöffneten Topf bei mittlerer Hitze nach Packungsanleitung bissfest kochen, dabei gelegentlich umrühren.

**2.** Die gegarten Spaghetti in ein Sieb geben, mit kaltem Wasser abspülen und abtropfen lassen.

**3.** Die Tomaten in feine Streifen schneiden. Oliven halbieren. Knoblauch abziehen und sehr klein schneiden. Knoblauch mit Tomatenstreifen, Oliven und Tomatenmark gut vermischen, die Spaghetti unterheben.

**4.** Basilikum abspülen, trocken tupfen und die Blättchen von den Stängeln zupfen, einige Blättchen zum Garnieren beiseitelegen. Die restlichen Blättchen fein schneiden und mit Olivenöl vermischen, mit Salz und Pfeffer würzen. Die Basilikummischung unter den Spaghettisalat geben.

**5.** Den Salat mit Parmesan bestreuen, mit den beiseitegelegten Basilikumblättchen garnieren und servieren.

**TIPPS:**

Zusätzlich können Sie abgetropften, etwas zerpflückten Thunfisch aus der Dose (Abtropfgewicht 525 g) unter den Salat geben.
Sie können diesen Salat einige Stunden vor dem Servieren bis einschließlich Punkt 4 zubereiten. Den Spaghettisalat zugedeckt in den Kühlschrank stellen.

# SPAGHETTISALAT MIT JOGHURT-PESTO

- Zubereitungszeit: 20 Minuten, ohne Abkühl- oder Durchziehzeit
- Vegetarisch

### ZUTATEN FÜR 4 PORTIONEN

100 g Zuckerschoten oder TK-Erbsen
250 g Hartweizen-Spaghetti oder helle Vollkorn-Spaghetti
1 EL Olivenöl
250 g Cocktailtomaten
4 Frühlingszwiebeln (ersatzweise 1 Bund frischer oder 25 g TK-Schnittlauch)

### FÜR DAS JOGHURT-PESTO:

150 g Joghurt (3,5 % Fett)
50 ml Gemüsebrühe
2 EL Kräuter-Pesto (aus dem Glas)
Salz
gem. Pfeffer

2 hart gekochte Eier (Größe M)
3–4 EL frisch gehobelter Parmesan
einige frische Basilikumblättchen

### PRO PORTION:

E: 19 g, F: 17 g, Kh: 52 g, kcal: 450

**1.** Von den Zuckerschoten die Enden abschneiden, evtl. abfädeln. Schoten abspülen, abtropfen lassen und halbieren.

**2.** Die Nudeln in kochendem Salzwasser nach Packungsanleitung bissfest kochen, dabei gelegentlich umrühren.

**3.** Zuckerschotenhälften oder die gefrorenen Erbsen etwa 2 Minuten vor Ende der Garzeit zu den Spaghetti in den Topf geben und mitgaren lassen.

**4.** Anschließend die Spaghetti mit den Zuckerschotenhälften oder Erbsen in ein Sieb geben, mit kaltem Wasser abspülen, abtropfen lassen und mit Olivenöl beträufeln. Die Spaghetti mit einer Gabel auflockern, damit sie nicht verkleben. Spaghetti mit den Zuckerschotenhälften oder Erbsen erkalten lassen.

**5.** Tomaten abspülen, abtrocknen, halbieren und die Stängelansätze herausschneiden. Frühlingszwiebeln putzen, abspülen, abtropfen lassen und in feine Scheiben schneiden.

**6.** Spaghetti mit den Zuckerschotenhälften oder Erbsen in eine große Schüssel geben. Tomatenhälften und Frühlingszwiebelscheiben hinzugeben und vorsichtig untermischen.

**7.** Für das Joghurt-Pesto Joghurt mit Brühe und Pesto verrühren, mit Salz und Pfeffer kräftig würzen. Die Marinade mit den Salatzutaten gut vermischen. Den Spaghettisalat zugedeckt etwa 20 Minuten durchziehen lassen.

**8.** Eier pellen und halbieren. Den Spaghettisalat nochmals mit Salz und Pfeffer abschmecken. Evtl. noch etwas Brühe unterrühren. Den Spaghettisalat mit Parmesan, Eierhälften und abgespülten, trocken getupften Basilikumblättchen auf einer Platte oder Tellern anrichten.

## SPARGELSALAT MIT SHRIMPS UND RINGELBLUMEN

● Zubereitungszeit: 35 Minuten
✚ Vegetarisch

### ZUTATEN FÜR 4 PORTIONEN

16 Stangen weißer oder grüner Spargel (oder gemischt)
Salz
200 g Zuckerschoten
1 ganz kleines Bund Schnittlauch
1 Zweig Dill
2 EL Himbeeressig (oder ein anderer fruchtiger Essig)
1 TL flüssiger Honig oder ½ TL Zucker
½ TL bunter geschroteter Pfeffer
4 EL Olivenöl
200 g gegarte Shrimps
Blütenblätter von 6 Ringelblumenblüten

### PRO PORTION:

E: 14 g, F: 11 g, Kh: 9 g, kcal: 192

1. Zunächst den weißen Spargel von oben nach unten schälen. Darauf achten, dass die Schalen vollständig entfernt, die Köpfe aber nicht verletzt werden. Die unteren Enden abschneiden (holzige Stellen vollständig entfernen). Von dem grünen Spargel nur das untere Drittel schälen und die Enden abschneiden. Spargelstangen abspülen, abtropfen lassen und in kochendem Salzwasser etwa 7 Minuten garen.

2. Spargelstangen herausnehmen, mit eiskaltem Wasser abschrecken und abtropfen lassen. Stangen der Länge nach halbieren.

3. Zuckerschoten putzen, evtl. abfädeln, abspülen, abtropfen lassen und in kochendem Salzwasser 2–3 Minuten blanchieren. Zuckerschoten mit einer Schaumkelle herausnehmen, in eiskaltem Wasser abschrecken und abtropfen lassen.

4. Schnittlauch abspülen, trocken tupfen und in kleine Röllchen schneiden. Dill abspülen und trocken tupfen. Die Spitzen von dem Stängel zupfen. Spitzen klein schneiden.

5. Essig mit Honig oder Zucker, Salz und Pfeffer verrühren. Olivenöl unterschlagen. Schnittlauchröllchen und Dill unterrühren.

6. Shrimps abtropfen lassen. Spargel, Zuckerschoten und Shrimps auf einer Platte oder auf 4 Tellern anrichten und mit der Vinaigrette beträufeln.

7. Blütenblätter vorsichtig abspülen und trocken tupfen. Den Salat damit bestreuen.

### TIPP:

Statt Shrimps können auch Flusskrebsschwänze oder gebratene Scampi verwendet werden.

# SPINATSALAT MIT GRANATAPFELKERNEN

🕐 Zubereitungszeit: 20 Minuten, ohne Abkühlzeit
✚ Vegan

### ZUTATEN FÜR 4 PORTIONEN

1 reifer kleiner Granatapfel
30 g Pinienkerne
2 Knoblauchzehen
60 g Schalotten
3 Stängel Thymian
100 g junger Blattspinat
5 EL Balsamico-Essig
6 EL Olivenöl
etwas Salz
gem. Pfeffer
etwas Zucker

### PRO PORTION:

E: 3 g, F: 19 g, Kh: 13 g, kcal: 240

**1.** Den Granatapfel halbieren und die Kerne vorsichtig herauslösen. Die weißen Trennwände entfernen.

**2.** Die Pinienkerne in einer Pfanne ohne Fett unter Wenden goldbraun rösten, herausnehmen und auf einem Teller erkalten lassen.

**3.** Knoblauch und Schalotten abziehen. Knoblauch in kleine Würfel schneiden. Schalotten in Scheiben schneiden, dann in Ringe teilten.

**4.** Thymian abspülen, trocken tupfen und die Blättchen von den Stängeln zupfen. Blättchen grob zerschneiden.

**5.** Den Spinat verlesen und die dicken Stiele entfernen. Spinat gründlich waschen, gut abtropfen lassen und in breite Streifen schneiden.

**6.** Essig mit Knoblauchwürfeln, Schalottenringen und Thymian in einer Schüssel verrühren. Das Olivenöl langsam unterschlagen, mit Salz, Pfeffer und Zucker würzen.

**7.** Spinat, Pinienkerne und Granatapfelkerne zur Marinade geben und vorsichtig unterheben.

**8.** Den Spinatsalat nochmals mit den Gewürzen abschmecken und auf Tellern anrichten.

### TIPPS:

Verwenden Sie statt des Balsamico-Essigs Apfelessig und statt der Pinienkerne gehackte Mandeln.
Geben Sie zusätzlich 125 g abgespülte, trocken getupfte, halbierte Cocktailtomaten mit in den Salat.
Für eine vollständige Mahlzeit servieren Sie dazu frisches Roggenbrot.

# SPINATSALAT MIT GRÜNEM SPARGEL UND HUMMUS

- Zubereitungszeit: 45 Minuten, ohne Einweichzeit
  Garzeit: etwa 60 Minuten
- Vegan

### ZUTATEN FÜR 4 PORTIONEN

200 g getrocknete Kichererbsen

### FÜR DEN HUMMUS:

3 Knoblauchzehen
2 EL Zitronensaft
5 EL mildes Olivenöl
Salz
Cayennepfeffer

500 g grüner Spargel

### FÜR DAS DRESSING:

2 EL Weißweinessig
2 EL Agavendicksaft
1 EL mittelscharfer Senf
5 EL Olivenöl
gem. Pfeffer

4 mittelgroße Tomaten
200 g junger Blattspinat
2 EL geröstete Pinienkerne

### PRO PORTION:

E: 16 g, F: 33 g, Kh: 35 g, kcal: 498

**1.** Zum Vorbereiten Kichererbsen in kaltem Wasser über Nacht einweichen.

**2.** Für den Hummus von den eingeweichten Kichererbsen das Wasser abgießen. Die Häute von den Kichererbsen abrubbeln und entfernen. Kichererbsen mit Wasser bedeckt in einem Topf zum Kochen bringen und zugedeckt in etwa 60 Minuten weich kochen. Die gegarten Kichererbsen in einem Sieb abtropfen lassen, dabei die Kochflüssigkeit auffangen.

**3.** Den Knoblauch abziehen und halbieren. Die Kichererbsen mit Knoblauch, Zitronensaft, Olivenöl, Salz und Cayennepfeffer in einer Küchenmaschine pürieren. So viel von der aufgefangenen Kochflüssigkeit hinzugeben, dass eine cremige Konsistenz entsteht.

**4.** Von dem Spargel nur das untere Drittel schälen und die Enden abschneiden. Spargel abspülen, abtropfen lassen und in etwa 3 cm lange Stücke schneiden. Spargelstücke in kochendem Salzwasser knackig (bissfest) kochen. Spargelstücke mit einer Schaumkelle herausnehmen und mit kaltem Wasser abschrecken.

**5.** Für das Dressing Essig mit Agavendicksaft und Senf verrühren, Olivenöl unterschlagen. Mit Salz und Pfeffer würzen.

**6.** Die Tomaten abspülen, trocken tupfen, halbieren und die Stängelansätze herausschneiden. Tomaten in Spalten (Sechstel) schneiden.

**7.** Den Blattspinat verlesen, dicke Stiele entfernen. Spinat gründlich waschen, trocken schleudern oder gut trocken tupfen und in eine Schüssel geben. Dressing vorsichtig untermischen. Die Spargelstücke unterheben. Den Spargelsalat auf 4 Tellern oder einer Platte anrichten. Die Tomatenspalten und Pinienkerne darauf verteilen. Den Salat mit dem Hummus servieren.

### BEILAGE:

Ofenfrisches Fladenbrot.

NEUE SALATE

# SPINATSALAT MIT SEIDENTOFU-DRESSING

⏱ Zubereitungszeit: 40 Minuten
✚ Vegan

## ZUTATEN FÜR 12 PORTIONEN

3 EL geschälte Sesamsamen

**FÜR DAS DRESSING:**

200 g abgetropfter Seidentofu
4–5 EL Sojasauce
Saft von 2–3 Limetten
3–4 EL Traubenkernöl
Salz
½ TL Cayennepfeffer

300–400 g Babyspinat
2 Schalotten
1 Bund Radieschen (etwa 350 g)
2 rosa Grapefruits
2 Äpfel
265 g abgespülte, abgetropfte Kichererbsen (aus dem Glas)
1 EL Schwarzkümmel

**PRO PORTION:**

E: 5 g, F: 6 g, Kh: 12 g, kcal: 125

**1.** Sesam in einer Pfanne ohne Fett unter Rühren anrösten und dann auf einen Teller geben.

**2.** Für das Dressing Seidentofu in Stücke schneiden, mit Sojasauce, Limettensaft und Traubenkernöl in einem hohen Rührbecher pürieren. Dressing mit Salz und Cayennepfeffer würzen.

**3.** Spinat verlesen, gründlich waschen, gut abtropfen lassen oder trocken schleudern. Schalotten abziehen, zuerst in Scheiben schneiden, dann in Ringe teilen.

**4.** Radieschen putzen, abspülen, abtropfen lassen und in dünne Scheiben schneiden oder hobeln.

**5.** Die Grapefruits so schälen, dass die weiße Haut mit entfernt wird. Grapefruits filetieren und in Stücke schneiden. Die Äpfel abspülen, abtrocknen, vierteln, entkernen und mit der Schale in kleine Würfel schneiden.

**6.** Spinat auf einer großen Platte oder in Schälchen verteilen. Kichererbsen, Schalottenringe, Radieschenscheiben, Grapefruitstücke und Apfelwürfel daraufgeben. Mit Sesam oder Schwarzkümmel bestreuen. Das Dressing dazu servieren.

**TIPPS:**

Wenn das Dressing zu dickflüssig ist, etwas Gemüsebrühe unterrühren.
Tofu wird auch Bohnen-„Quark" oder Soja-„Quark" genannt und hat keinen Eigengeschmack. Seidentofu hat einen höheren Feuchtigkeitsgehalt und ist daher weicher in der Konsistenz als fester Tofu. Er eignet sich besser für die Zubereitung eines Dressings.

# STEAK-SALAT MIT LIMETTEN-AIOLI-DRESSING, FRUCHTIG-SCHARF

⏱ Zubereitungszeit: etwa 25 Minuten
Garzeit: 1–2 Minuten

**ZUTATEN FÜR 4 PORTIONEN**

400 g Rumpsteak (Rindersteaks aus dem Rücken)

**FÜR DAS LIMETTEN-AIOLI-DRESSING:**

1 kleine Bio-Limette (unbehandelt, ungewachst)
2 Knoblauchzehen
1 extrafrisches Eigelb
1 TL Senf
Salz
gem. Pfeffer
etwa 75 ml mildes Olivenöl
3 EL Joghurt (3,5 % Fett)

**FÜR DEN SALAT:**

2 rote Zwiebeln
4 kleine Tomaten
1 kleine reife Mango (etwa 400 g)
1 Eisbergsalat
1 Bund Thai-Basilikum (z. B. aus dem Asialaden; ersatzweise klassisches Basilikum)

1–2 EL Pflanzenöl zum Braten

**PRO PORTION:**

E: 26 g, F: 32 g, Kh: 58 g, kcal: 465

1. Fleisch rechtzeitig vor dem Braten aus dem Kühlschrank nehmen (temperieren).

2. Für das Dressing Limette heiß abspülen, trocken reiben und die Schale sehr fein abreiben, Limette halbieren, Saft auspressen. Knoblauch abziehen und in feine Würfel schneiden. Knoblauchwürfel, Eigelb, Senf, je 2 Teelöffel Limettensaft und -schale, etwas Salz und Pfeffer in einen hohen, schmalen Mixbecher geben. Das Öl zunächst tröpfchenweise, dann im feinen Strahl mit dem Stabmixer unter die Eigelb-Mischung quirlen. Mixen, bis eine cremige Mayonnaise entsteht. Joghurt unterrühren. Dressing mit Salz, Pfeffer und evtl. noch etwas Limettensaft abschmecken.

3. Für den Salat Zwiebeln abziehen, halbieren und in feine halbe Ringe schneiden. Tomaten abspülen, trocken reiben, halbieren, dabei die grünen Stielansätze mit herausschneiden. Von der Mango das Fruchtfleisch vom Stein schneiden, die Fruchtstücke schälen und in feine Streifen schneiden. Eisbergsalat putzen, waschen, abtropfen lassen und das Fruchtfleisch in feine Streifen schneiden. Basilikum abspülen, trocken schütteln und die Blättchen abzupfen. Ein Teil der Blättchen in feine Streifen schneiden, mit vorbereiteten Salatzutaten in einer Schüssel mischen.

4. Fleisch mit Küchenpapier trocken tupfen und in etwa 1 cm breite Streifen schneiden. Fleischstreifen und Öl zum Braten mischen. Eine Grillpfanne oder gusseiserne Pfanne stark erhitzen. Die Fleischstreifen darin 1–2 Minuten scharf anbraten. Mit Salz und Pfeffer würzen.

5. Dressing über die Salatzutaten träufeln, vorsichtig mischen und auf Teller verteilen. Mit dem restlichen Basilikum und den Steakstreifen anrichten.

**HINWEIS:**

Nur ganz frische Eier verwenden (Legedatum beachten, mind. 23 Tage Resthaltbarkeit). Salat im Kühlschrank aufbewahren und innerhalb von 24 Stunden verzehren.

NEUE SALATE

# SUSHI-REIS-SALAT MIT RADIESCHEN UND THUNFISCH

🕐 Zubereitungszeit: 35 Minuten, ohne Abkühl- und Durchziehzeit
Garzeit: etwa 30 Minuten

## ZUTATEN FÜR 4 PORTIONEN

200 g Sushi-Reis
Salz
350 g Radieschen (ohne Grün, vorbereitet gewogen)
25 g frischer Ingwer
8 Stängel Koriander
4 EL Reisessig
2 EL Sesamöl
50 g Frühlingszwiebeln
1/3 Stück von 1 Nori-Algenblatt
40 g Wasabi-Erbsen (grüne Erbsen mit Wasabi überzogen, erhältlich im Asia-Shop oder in gut sortierten Supermärkten)
300 g sehr frischer roher Thunfisch
4 EL Sojasauce
1 EL gerösteter geschälter Sesamsamen

## PRO PORTION:

E: 24 g, F: 20 g, Kh: 50 g, kcal: 478

**1.** Den Reis in ein Sieb geben und so lange mit kaltem Wasser abspülen, bis das Wasser klar abläuft. Anschließend den Reis sehr gut abtropfen lassen. Dann mit etwas Salz und 400 ml kaltem Wasser in einen Topf geben.

**2.** Den Reis zugedeckt bei schwacher Hitze etwa 20 Minuten leise kochen lassen. Den Topf von der Kochstelle nehmen. Den Reis noch etwa 10 Minuten im geschlossenen Topf ausquellen lassen. Reis erkalten lassen.

**3.** Radieschen putzen, abspülen und trocken tupfen. Radieschen in sehr dünne Scheiben hobeln. Ingwer schälen und fein reiben. Koriander abspülen, trocken tupfen und die Blättchen von den Stängeln zupfen. Blättchen klein schneiden.

**4.** Reis, Radieschen, Ingwer und Koriander mit Reisessig, Sesamöl und etwas Salz mischen und 10 Minuten durchziehen lassen.

**5.** Frühlingszwiebeln putzen, abspülen, trocken tupfen und in sehr feine Scheiben schneiden. Nori-Alge mit einer Küchenschere in feine Streifen schneiden.

**6.** Die Wasabi-Erbsen grob hacken. Thunfisch mit Küchenpapier abtupfen und in sehr dünne Scheiben schneiden.

**7.** Den Sushi-Reis-Salat auf Tellern anrichten und mit den Thunfischscheiben belegen. Die Fischscheiben mit der Sojasauce beträufeln. Den Sushi-Reis-Salat mit Frühlingszwiebelscheiben, Sesam, Nori-Algen und Wasabi-Erbsen bestreuen.

NEUE SALATE

## SÜSSER COUSCOUS-SALAT
(REZEPT OHNE FOTO)

- Zubereitungszeit: 25 Minuten, ohne Quell-, Abkühl- und Durchziehzeit
- Vegan

**ZUTATEN FÜR 4 PORTIONEN**

100 g Couscous
300 ml Reis-, Mandel- oder Sojadrink
10 g Agavendicksaft
40 g Rosinen
275 g Pflaumen (etwa 4 Stück)
1 Birne (etwa 180 g)
10 g Agavendicksaft
gem. Zimt

**PRO PORTION:**

E: 5 g, F: 2 g, Kh: 41 g, kcal: 203

---

1. Couscous in eine Rührschüssel geben.

2. Reis-, Mandel- oder Sojadrink mit Agavendicksaft in einem Topf zum Kochen bringen. Die heiße Milch auf den Couscous gießen und den Couscous etwa 10 Minuten quellen lassen. Die Rosinen unter den warmen Couscous heben, die Couscous-Rosinen-Masse erkalten lassen.

3. In der Zwischenzeit Pflaumen und Birne abspülen und abtropfen lassen. Pflaumen halbieren, entsteinen. Birne schälen, vierteln und entkernen. Das Obst in kleine Stücke schneiden, mit dem Agavendicksaft verrühren und unter die erkaltete Couscous-Rosinen-Masse geben.

4. Den Couscous-Salat mit etwas gemahlenem Zimt abschmecken und etwa 30 Minuten durchziehen lassen.

5. Den Couscous-Salat in Portionsschälchen anrichten.

## SÜSSKARTOFFEL-COUSCOUS-SALAT

- Zubereitungszeit: 35 Minuten, ohne Abkühl- und Durchziehzeit
  Garzeit: 15–20 Minuten
- Vegan

**ZUTATEN FÜR 4 PORTIONEN**

750 g mittelgroße Süßkartoffeln (Bataten)

**FÜR DEN SALAT:**

75 g Couscous
knapp 300 ml vegane Gemüsebrühe
1 Schalotte
½ Bio-Salatgurke
40 g abgetropfte grüne Oliven, ohne Stein
3 geh. TL abgetropfte Kapern (aus dem Glas)

**FÜR DIE LIMETTENSAUCE:**

4–5 EL Limettensaft
2 EL Olivenöl
Salz
gem. Pfeffer
etwas Chilipulver (ersatzweise Chiliflocken)

5 Stängel Petersilie

**PRO PORTION:**

E: 6 g, F: 8 g, Kh: 54 g, kcal: 316

---

1. Zum Vorbereiten die Süßkartoffeln unter fließendem Wasser abbürsten, knapp mit Wasser bedeckt, zugedeckt zum Kochen bringen und in 15–20 Minuten gar kochen. Süßkartoffeln abgießen, mit kaltem Wasser abschrecken und abtropfen lassen. Süßkartoffeln noch warm pellen und erkalten lassen.

2. Für den Salat Couscous mit der Gemüsebrühe nach Packungsanleitung zubereiten. Den gegarten Couscous in eine Salatschüssel geben und abkühlen lassen.

3. In der Zwischenzeit die Schalotte abziehen und fein würfeln. Die Salatgurke heiß abspülen, abtrocknen und das Ende abschneiden. Gurke längs halbieren, entkernen und in Streifen schneiden.

4. Die Süßkartoffeln in mundgerechte Stücke schneiden. Die Oliven halbieren, mit den Kapern mischen und beiseitestellen.

5. Für die Limettensauce 4 Esslöffel Limettensaft mit dem Olivenöl verschlagen, mit Salz, Pfeffer und Chilipulver (Chiliflocken) würzen.

6. Den beiseitegestellten Couscous mit 2 Gabeln etwas auflockern. Die Schalottenwürfel, Gurkenstreifen, Süßkartoffelstücke und die Oliven-Kapern-Mischung hinzufügen und unterheben. Die Limettensauce mit den Salatzutaten vermengen. Den Salat zugedeckt im Kühlschrank etwa 30 Minuten durchziehen lassen.

7. Die Petersilie abspülen, gut trocken tupfen und die Blättchen von den Stängeln zupfen. Die Blättchen klein schneiden und unter den Salat mischen. Den Süßkartoffel-Couscous-Salat mit Limettensaft, Salz, Pfeffer und Chili säuerlich-scharf abschmecken und servieren.

TIPPS:

Süßkartoffeln lassen sich genauso wie Kartoffeln kochen, backen oder braten, machen wunderbar satt und schmecken angenehm süßlich.
Wenn Sie keine Süßkartoffeln mögen, können Sie auch „normale" festkochende Kartoffeln für den Salat verwenden.

NEUE SALATE

# SÜSSKARTOFFEL-SALAT MIT RÄUCHERTOFU

🕐 Zubereitungszeit: 45 Minuten, ohne Abkühlzeit
Garzeit: 30–35 Minuten
➕ Vegan

## ZUTATEN FÜR 4 PORTIONEN

3 mittelgroße Süßkartoffeln (etwa 1 kg; Bataten)
Salz

### FÜR DAS DRESSING:

3 EL Sesamsamen
etwa 125 ml vegane Gemüsebrühe
½–1 TL geschroteter Chili
4 EL Weißweinessig
gem. Pfeffer
etwa 6 EL Limettensaft (frisch gepresst oder aus der Flasche)
4 EL Olivenöl

1 grüne Paprikaschote
1 kleine grüne Peperoni
2 Knoblauchzehen
etwa ½ TL gem. Kreuzkümmel (Cumin)

### FÜR DEN RÄUCHERTOFU:

200–300 g Räuchertofu
2 EL Pflanzenöl zum Braten

4 Frühlingszwiebeln
300 g Kirschtomaten

### PRO PORTION:

E: 16 g, F: 25 g, Kh: 56 g, kcal: 534

**1.** Kartoffeln gründlich abbürsten, mit leicht gesalzenem Wasser bedeckt in einen Topf geben. Zugedeckt zum Kochen bringen. Süßkartoffeln 30–35 Minuten garen (sie sollten bissfest sein).

**2.** Für das Dressing inzwischen Sesam in einer beschichteten Pfanne ohne Fett rösten, auf einem Teller auskühlen lassen. Brühe erhitzen, mit Chili, Essig, Salz, Pfeffer und 2–3 Esslöffeln Limettensaft verrühren. 2 Esslöffel Öl unterquirlen. Sesam unter das Dressing rühren.

**3.** Kartoffeln abgießen, mit kaltem Wasser abschrecken und etwas abkühlen lassen. Kartoffeln schälen und in grobe Würfel schneiden. Batatenwürfel mit dem Dressing mischen, abkühlen lassen.

**4.** Paprikaschote und Peperoni halbieren, entstielen, entkernen und die weißen Scheidewände entfernen. Paprikahälften und Peperoni abspülen, trocken tupfen. Paprikahälften nach Belieben mit einem Sparschäler fein schälen. Paprika und Peperoni sehr fein würfeln oder hacken. Mit 2 Esslöffeln Öl mischen. Knoblauch abziehen, fein würfeln und mit etwas Salz bestreuen, kurz ziehen lassen. Knoblauch-Salz-Mix mit einem Messer fein zerdrücken, ebenfalls unter die Paprika rühren. Mit Pfeffer, Kreuzkümmel, etwas Limettensaft und eventuell etwas Salz abschmecken.

**5.** Für den Räuchertofu den Tofu in Scheiben schneiden, mit Küchenpapier gut trocken tupfen. Öl zum Braten in einer beschichteten Pfanne erhitzen, Tofu darin unter Wenden knusprig braten.

**6.** Frühlingszwiebeln putzen, abspülen, abtropfen lassen und fein schneiden. Tomaten abspülen, trocken reiben und halbieren oder vierteln. Beides unter die Bataten mischen, mit Salz, Pfeffer, evtl. noch etwas Brühe und Essig verrühren und abschmecken. Salat, Tofu und Dressing anrichten.

## TANDOORI-CHICKEN-SALAT

🕒 Zubereitungszeit: 40 Minuten, ohne Marinierzeit
Bratzeit: etwa 10 Minuten

**ZUTATEN FÜR 2 PORTIONEN**

**FÜR DIE TANDOORI-HÄHNCHEN:**

2 EL Tandoori-Paste (aus dem Glas)
250 g Joghurt (3,5 % Fett)
2 Hähnchenbrustfilets (je 175 g)

125 g rote Linsen
Salz
400 g Babyspinat
5 grüne Kardamomkapseln
50 g getrocknete Aprikosen
3 EL Zitronensaft
etwas Cayennepfeffer

2 EL Speiseöl zum Braten
12 Minzeblättchen

**PRO PORTION:**
E: 68 g, F: 9 g, Kh: 50 g, kcal: 573

1. Für die Tandoori-Hähnchen die Tandoori-Paste mit 2 Esslöffeln von dem Joghurt gut verrühren. Hähnchenbrustfilets mit Küchenpapier abtupfen. Die Hähnchenbrustfilets in dem Tandoori-Joghurt wenden, dann zugedeckt im Kühlschrank etwa 4 Stunden marinieren.

2. Die Linsen in kochendem Salzwasser nach Packungsanleitung garen. Anschließend in ein Sieb geben und abtropfen lassen.

3. Spinat verlesen, kurz abspülen, abtropfen lassen und für 2 Sekunden in kochendem Salzwasser blanchieren. Sofort mit kaltem Wasser abschrecken und mit den Händen trocken ausdrücken.

4. Die Kardamomsamen aus den Kapseln lösen und im Mörser fein mahlen. Aprikosen fein würfeln. Kardamom und Aprikosenwürfel mit Zitronensaft, dem restlichen Joghurt, etwas Salz und Cayennepfeffer verrühren. Die Linsen und den Spinat untermischen, evtl. nachwürzen.

5. Das Fleisch aus der Marinade nehmen. Das Speiseöl in einer beschichteten Pfanne erhitzen. Die Hähnchenbrustfilets darin bei schwacher Hitze von jeder Seite 4–5 Minuten braten. Hähnchenbrustfilets aus der Pfanne nehmen.

6. Die Minzeblättchen abspülen und trocken tupfen, nach Belieben klein schneiden.

7. Das Fleisch in dünne Scheiben schneiden, mit dem Salat anrichten und mit Minze bestreuen.

## TOMATEN-BULGUR-SALAT

⏱ Zubereitungszeit: 30 Minuten, ohne Durchziehzeit
➕ Vegan

### ZUTATEN FÜR 4 PORTIONEN

200 g Bulgur
400 ml vegane Gemüsebrühe
400 g Tomaten
150 g Frühlingszwiebeln
1 Salatgurke (etwa 175 g)

### FÜR DIE SALATSAUCE:

etwa 50 ml Zitronensaft
etwa 2 EL Olivenöl
Salz, gem. Pfeffer
1 Msp. gem. Kreuzkümmel (Cumin)

1 Bund Petersilie
½ Bund Minze

### PRO PORTION:

E: 7 g, F: 6 g, Kh: 41 g, kcal: 252

**1.** Bulgur mit der Gemüsebrühe in einem Topf nach Packungsanleitung zubereiten. Den gegarten Bulgur in eine Salatschüssel geben.

**2.** In der Zwischenzeit die Tomaten kreuzweise einschneiden und mit kochendem Wasser übergießen. Nach 1–2 Minuten herausnehmen und mit kaltem Wasser abschrecken.

**3.** Tomaten häuten, halbieren und die Stängelansätze herausschneiden. Die Tomaten entkernen und das Fruchtfleisch in kleine Stücke schneiden.

**4.** Frühlingszwiebeln putzen, abspülen, abtropfen lassen und in feine Scheiben schneiden. Die Salatgurke abspülen, abtrocknen und die Enden abschneiden, Gurke evtl. schälen. Die Gurke längs halbieren, entkernen und in kleine Würfel schneiden.

**5.** Den Bulgur mit 2 Gabeln etwas auflockern. Tomatenstücke, Frühlingszwiebelscheiben und Gurkenwürfel unterheben.

**6.** Für die Salatsauce Zitronensaft mit dem Olivenöl verschlagen, mit Salz, Pfeffer und Kreuzkümmel würzen. Die Sauce mit den vorbereiteten Salatzutaten vermengen und zugedeckt etwa 30 Minuten im Kühlschrank durchziehen lassen.

**7.** Zum Servieren die Petersilie und Minze abspülen, trocken tupfen und die Blättchen von den Stängeln zupfen. Die Blättchen klein schneiden und unter den Salat heben. Den Salat evtl. mit Zitronensaft und den Gewürzen abschmecken und servieren.

### BEILAGE:

Der Salat ist lecker zu gegrillten Garnelen oder Fisch.

### TIPP:

Der Salat kann gut 2–3 Stunden vor dem Servieren zubereitet werden und zugedeckt im Kühlschrank durchziehen.

## TOMATENSALAT, SCHNELL

- Zubereitungszeit: 10 Minuten, ohne Durchziehzeit
- Vegan

**ZUTATEN FÜR 4 PORTIONEN**

500 g Tomaten

**FÜR DIE SALATSAUCE:**

1 kleine Zwiebel
1 EL Weißwein- oder Kräuteressig
Salz
frisch gem. Pfeffer
1 Prise Zucker
2 EL Olivenöl

5 Stängel Basilikum

**PRO PORTION:**

E: 1 g, F: 5 g, Kh: 4 g, kcal: 71

1. Tomaten abspülen, abtrocknen, halbieren und die Stängelansätze herausschneiden. Tomaten in Scheiben schneiden und in eine Schüssel geben.

2. Für die Sauce Zwiebel abziehen und fein würfeln. Essig mit Salz, Pfeffer und Zucker verrühren. Olivenöl unterschlagen.

3. Die Sauce mit den Tomatenscheiben mischen und den Salat kurz durchziehen lassen.

4. Basilikum abspülen, trocken tupfen und die Blättchen von den Stängeln zupfen. Einige Blättchen zum Garnieren beiseitelegen. Die restlichen Blättchen fein schneiden und unter den Salat geben.

5. Den Tomatensalat mit den beiseitegelegten Blättchen garniert servieren.

**TIPP:**

Der Salat kann zusätzlich mit Schafkäse oder Mozzarella serviert werden.

# TOMATEN-ZWIEBEL-SALAT

🕐 Zubereitungszeit: 35 Minuten
✚ Vegetarisch

### ZUTATEN FÜR 6 PORTIONEN

500 g Tomaten
250 g Zwiebeln
1 EL klein geschnittene glatte Petersilie

### FÜR DIE SALATSAUCE:

2 EL Kräuteressig
2 EL Orangensaft
1 TL Orangen- oder Feigensenf
1 EL flüssiger Honig
Salz
gem. Pfeffer
6 EL Olivenöl

evtl. glatte Petersilienblättchen

### PRO PORTION:

E: 2 g, F: 7 g, Kh: 7 g, kcal: 127

1. Tomaten abspülen, trocken tupfen und die Stängelansätze herausschneiden. Tomaten in Scheiben schneiden. Zwiebeln abziehen, zunächst in Scheiben schneiden, dann in Ringe teilen. Tomatenscheiben mit den Zwiebelringen und der Petersilie in einer Salatschüssel mischen.

2. Für die Salatsauce Essig mit Orangensaft, Senf, Honig, Salz und Pfeffer verrühren. Nach und nach das Olivenöl unterschlagen. Salatsauce abschmecken.

3. Die Salatsauce über die Salatzutaten geben. Den Salat bis zum Verzehr zugedeckt in den Kühlschrank stellen. Nach Belieben mit abgespülten, trocken getupften Petersilienblättchen garnieren.

### TIPPS:

Den Tomaten-Zwiebel-Salat als Beilage zu Steaks oder Gegrilltem, zu Schinken oder als Partysalat servieren.
Sie können den Salat maximal 1 Tag im Voraus zubereiten.

### REZEPTVARIANTEN:

**Tomaten-Lauch-Salat**
Die Zwiebeln durch Lauch ersetzen. Dafür Lauch putzen, die Stangen längs halbieren, gründlich waschen, abtropfen lassen und in Scheiben schneiden. Lauch in kochendem Salzwasser etwa 1 Minute blanchieren, dann abtropfen lassen und anstelle der Zwiebeln mit den Tomaten einschichten.

**Korsischer Tomatensalat**
800 g Fleischtomaten wie im Rezept unter Punkt 1 beschrieben vorbereiten. Tomaten in Scheiben schneiden und auf einer Platte anrichten. 2 Zwiebeln und 4 Knoblauchzehen abziehen, klein würfeln. 1 Bund Petersilie abspülen, trocken tupfen, Blättchen von den Stängeln zupfen. Blättchen klein schneiden, mit 3 Esslöffeln abgetropften Kapern, 10 schwarzen Oliven, Zwiebel- und Knoblauchwürfeln über die Tomaten streuen. Tomatensalat mit 4 Esslöffeln Olivenöl beträufeln. Den Salat mit Salz und Pfeffer kräftig würzen.

# TORTELLINI-SALAT

🕐 Zubereitungszeit: 35 Minuten, ohne Abkühl- und Durchziehzeit
➕ Vegetarisch

### ZUTATEN FÜR 10–12 PORTIONEN

250 g getrocknete Tortellini mit Käsefüllung
3–4 Paprikaschoten (rot und gelb, evtl. orange)
500 g abgetropfte Ananasstücke (aus der Dose)
340 g Gemüsemais (aus der Dose)
250 g Salatcreme (aus dem Glas)
2 EL Tomatenketchup
3–4 EL Ananassaft (aus der Dose)
Salz
gem. Pfeffer

### PRO PORTION:

E: 8 g, F: 13 g, Kh: 48 g, kcal: 345

**1.** Tortellini in kochendem Salzwasser nach Packungsanleitung garen. Die Tortellini in ein Sieb geben, mit kaltem Wasser übergießen, abtropfen und erkalten lassen.

**2.** Paprikaschoten halbieren, entstielen, entkernen und die weißen Scheidewände entfernen. Schoten abspülen und in Streifen schneiden. Von den Ananasstücken den Saft auffangen.

**3.** Tortellini in eine große Schüssel geben. Paprikastreifen, Ananasstücke und den Mais mit der Flüssigkeit hinzugeben, gut vermengen.

**4.** Die Salatcreme mit Ketchup und etwas Ananassaft verrühren und unter die Salatzutaten heben. Tortellini-Salat 2–3 Stunden durchziehen lassen. Evtl. nochmals etwas Ananassaft unterrühren, mit Salz und Pfeffer abschmecken.

### TIPP:

Den Salat in Dessertgläsern anrichten und dann mit Chicoréeblättern, Schnittlauchröllchen und Schnittlauchhalmen garnieren.

# TORTELLINI-SALAT MIT SCHINKEN

⏱ Zubereitungszeit: 30 Minuten, ohne Abkühl- und Durchziehzeit

### ZUTATEN FÜR 2 PORTIONEN

400 g Tortellini mit Käsefüllung (aus dem Kühlregal)
250 g Tomaten
100 g Kochschinken, in Scheiben

### FÜR DIE SALATSAUCE:

1 Knoblauchzehe
½ Bund Schnittlauch
3 EL weißer Balsamico-Essig
Salz
gem. Pfeffer
1 Prise Zucker
4–5 EL Olivenöl

### PRO PORTION:

E: 31 g, F: 42 g, Kh: 67 g, kcal: 745

---

**1.** Die Tortellini nach Packungsanleitung zubereiten, dann in ein Sieb geben, kurz mit kaltem Wasser abspülen, abtropfen und erkalten lassen.

**2.** Die Tomaten abspülen, abtrocknen, vierteln und die Stängelansätze herausschneiden. Die Tomaten entkernen und in Spalten schneiden. Den Kochschinken in kleine Stücke oder Streifen schneiden.

**3.** Für die Sauce Knoblauch abziehen und fein würfeln oder durch eine Knoblauchpresse drücken. Schnittlauch abspülen, trocken tupfen und in feine Röllchen schneiden.

**4.** Essig mit Knoblauch verrühren, mit Salz, Pfeffer und Zucker würzen. Das Olivenöl unterschlagen. Dann die Schnittlauchröllchen unterrühren.

**5.** Tortellini, Tomatenspalten und Schinkenstücke oder -streifen in eine große Schüssel geben. Die Salatsauce hinzugeben und untermischen. Den Tortellini-Salat zugedeckt etwa 30 Minuten im Kühlschrank durchziehen lassen.

**6.** Den Salat vor dem Servieren vorsichtig durchmischen und nochmals mit Salz und Pfeffer abschmecken.

### TIPPS:

Der Tortellini-Salat kann als vegetarische Variante ohne Schinken zubereitet werden. Den Schinken dann durch 200–250 g geputzte, in Scheiben geschnittene Champignons ersetzen.
Der Tortellini-Salat mit Schinken ist für 2 Portionen zum Sattessen geeignet – als Beilage reicht er für 4 Portionen.

# TOSKANISCHER ERBSEN-SALAT MIT THUNFISCH

⏱ Zubereitungszeit: 35 Minuten, ohne Abkühlzeit
Garzeit: etwa 20 Minuten

### ZUTATEN FÜR 4 PORTIONEN

800 g kleine Kartoffeln, z. B. Bio-Drillinge
Salz
2 Schalotten
1 EL Butter
300 g Erbsen (frisch oder TK)
gem. Pfeffer
1 Prise ger. Muskatnuss

### FÜR DAS DRESSING:

1 Zitrone
300 ml Gemüsebrühe
1–2 TL mittelscharfer Senf
1 Prise geschroteter Chili
1 Prise Zucker
5 EL Olivenöl

1 Römersalat-Herz
½ Bund glatte Petersilie
2–3 Stängel frische Minze
400–500 g Thunfischfilet

### PRO PORTION:

E: 35 g, F: 36 g, Kh: 36 g, kcal: 613

---

1. Kartoffeln gründlich unter fließendem Wasser abbürsten, abtropfen lassen. Mit Wasser bedeckt in einen Topf geben, etwa ½ TL Salz zugeben und zugedeckt zum Kochen bringen. Kartoffeln bei mittlerer Hitze etwa 20 Minuten garen.

2. Inzwischen die Schalotten abziehen und fein würfeln. Butter in einem Topf erhitzen, Schalottenwürfel darin glasig dünsten. Erbsen zugeben (bei frischen Erbsen zusätzlich 2–3 Esslöffel Wasser zugeben), mit Salz, Pfeffer und Muskat würzen. TK-Erbsen so nur kurz erhitzen. Frische Erbsen zugedeckt bei schwacher Hitze etwa 8 Minuten garen.

3. Für das Dressing Zitrone auspressen. 3–4 Esslöffel Zitronensaft, Brühe, Senf, Salz, Pfeffer, Chili, Zucker und 4 Esslöffel Öl zu einem Dressing mixen.

4. Kartoffeln abgießen, abdampfen lassen und nach Belieben pellen und halbieren. Kartoffeln und Erbsen unter das Dressing mischen, lauwarm abkühlen lassen. Zwischendurch öfter vorsichtig durchrühren.

5. Salat putzen, waschen, abtropfen lassen und in mundgerechte Stücke zupfen oder in feine Streifen schneiden. Kartoffel-Erbsen-Mischung nochmals abschmecken. Kräuter abspülen, trocken schütteln und die Blättchen von den Stielen zupfen. Kräuter grob hacken und unter den Salat mischen.

6. Thunfisch kalt abspülen, trocken tupfen und in etwa 3 cm große Würfel schneiden. Mit dem übrigen Öl mischen. Eine Grillpfanne oder beschichtete Pfanne erhitzen. Die Thunfischwürfel darin je Seite etwa 45 Sekunden braten. Mit Salz und Pfeffer würzen. Salat mit den Thunfischwürfeln anrichten.

# TÜRKISCHER REISNUDELSALAT

⏱ Zubereitungszeit: 60 Minuten, ohne Abkühl- und Durchziehzeit

**ZUTATEN FÜR 4 PORTIONEN**

250 g Arpa Sehriye oder Kritharaki (reiskornförmige Nudeln)
30 g Pinienkerne
250 g Lammfilets
Salz
gem. Pfeffer
2 EL Olivenöl
250 g gelbe Spitzpaprikaschoten
1 Zucchini
1 Bund Frühlingszwiebeln
1 Bund glatte Petersilie

**FÜR DIE SAUCE:**

4 EL Zitronensaft
etwas Pul Biber (geschrotete Pfefferschoten)
gem. Kreuzkümmel (Cumin)
50 ml Olivenöl

**PRO PORTION:**

E: 21 g, F: 20 g, Kh: 63 g, kcal: 514

1. Die Nudeln in kochendem Salzwasser nach Packungsanleitung bissfest kochen, dabei gelegentlich umrühren. Anschließend die Nudeln in ein Sieb geben, mit kaltem Wasser abspülen und abtropfen lassen.

2. In der Zwischenzeit die Pinienkerne in einer Pfanne ohne Fett unter Wenden goldbraun rösten. Die Pinienkerne auf einen Teller geben. Lammfilets mit Küchenpapier abtupfen, mit Salz und Pfeffer würzen. Das Olivenöl in einer Pfanne erhitzen. Die Lammfilets darin unter Wenden etwa 10 Minuten braten. Die Filets aus der Pfanne nehmen, in Alufolie einwickeln und ruhen lassen.

3. Spitzpaprikaschoten halbieren, entstielen, entkernen und die weißen Scheidewände entfernen. Schoten abspülen, abtropfen lassen und in dünne, halbe Ringe schneiden. Zucchini abspülen, abtrocknen und die Enden abschneiden. Zucchini fein würfeln.

4. Frühlingszwiebeln putzen, abspülen, abtropfen lassen und in feine Scheiben schneiden. Petersilie abspülen, trocken tupfen und die Blättchen von den Stängeln zupfen. Blättchen klein schneiden.

5. Nudeln, Paprika, Zucchini, Frühlingszwiebeln und Petersilie in eine große Schüssel geben.

6. Für die Sauce Zitronensaft mit Salz, Pfeffer, Pul Biber und Kreuzkümmel verrühren. Das Olivenöl unterschlagen. Die Sauce mit den Salatzutaten vermengen und den Salat nochmals abschmecken. Dann Lammfilets in Würfel oder Scheiben schneiden, mit den Pinienkernen hinzugeben und den Salat servieren.

**TIPP:**

Der Salat kann bis auf Punkt 2 gut am Vortag zubereitet werden und zugedeckt im Kühlschrank durchziehen. Etwa 30 Minuten vor dem Servieren den vorbereiteten Salat aus dem Kühlschrank nehmen, das Lammfleisch und die Pinienkerne, wie in Punkt 2 beschrieben zubereiten und mit dem vorbereiteten Salat anrichten.

# VEGGIE-SALAT, GEGRILLT

- ⏲ Zubereitungszeit: 60 Minuten, ohne Durchziehzeit
- ✚ Vegetarisch

**ZUTATEN FÜR 4 PORTIONEN**

**FÜR DAS GEGRILLTE GEMÜSE:**

150 g Frühlingszwiebeln
250 g Auberginen
250 g Zucchini
1 große Fenchelknolle (etwa 275 g)
Salz

125 g abgetropfter Mozzarella light (9 % Fett)
150 g gemischte Tomaten, z. B. Cocktailtomaten und Romatomaten

**FÜR DIE SALATSAUCE:**

1 Bio-Orange (unbehandelt, ungewachst)
2 EL Senfpulver
½–1 TL getrocknete Chiliflocken
6 EL Rotweinessig
4 EL Olivenöl

10–12 Basilikumblättchen

**PRO PORTION:**

E: 12 g, F: 14 g, Kh: 15 g, kcal: 234

1. Für das Gemüse Frühlingszwiebeln putzen, abspülen und abtropfen lassen. Etwas von dem dunklen Grün abschneiden, dann die Frühlingszwiebeln der Länge nach bis zur Mitte hin aufschneiden.

2. Danach Auberginen und Zucchini abspülen, abtrocknen und die Stängelansätze bzw. Enden abschneiden. Fenchelknolle putzen, abspülen und abtropfen lassen. Auberginen, Zucchini und Fenchelknolle in etwa ½ cm dicke Scheiben schneiden. Das Fenchelgrün beiseitelegen.

3. Eine Grillpfanne ohne Fett erhitzen. Das Gemüse darin nacheinander und portionsweise bei starker Hitze von beiden Seiten grillen (Auberginen und Zucchini etwa 3 Minuten, Fenchel etwa 5 Minuten, Frühlingszwiebeln etwa 8 Minuten). Das Gemüse zusammen in eine Schüssel geben und mit Salz würzen.

4. Mozzarella in kleine Stücke zupfen. Die Tomaten abspülen und abtrocknen. Die Cocktailtomaten vierteln und die Stängelansätze herausschneiden. Restliche Tomaten halbieren, zuerst die Stängelansätze herausschneiden, dann die Tomaten in Scheiben schneiden.

5. Für die Sauce die Orange heiß abwaschen, abtrocknen und etwa ein Viertel der Orangenschale in feinen Zesten abziehen. Dann die Orange halbieren, den Saft auspressen und 100 ml Saft abmessen. Das beiseitegelegte Fenchelgrün fein schneiden. Fenchelgrün mit Orangenzesten, -saft, Senfpulver, Chiliflocken, Salz und Essig verrühren. Das Olivenöl unterschlagen.

6. Vorbereitete Tomaten hinzugeben. Basilikum abspülen, trocken tupfen und grob schneiden. Basilikum mit Mozzarellastückchen vorsichtig untermischen.

7. Das gegrillte Gemüse hinzugeben und untermischen. Den Salat etwa 10 Minuten durchziehen lassen, auf Tellern anrichten und servieren. Evtl. restliche Salatsauce dazureichen.

NEUE SALATE

## WARMER KARTOFFELSALAT MIT SCHWEINERÜCKENSTEAKS

● Zubereitungszeit: 45 Minuten

### ZUTATEN FÜR 2 PORTIONEN

300 g kleine festkochende Kartoffeln (je etwa 35 g)
Salz
2 TL Paprikapulver edelsüß

### FÜR DIE SALATSAUCE:

75 g Frühlingszwiebeln
½–1 EL Sambal Oelek
1 EL flüssiger Honig
2 EL Zitronensaft
2 EL Sojasauce
½ Knoblauchzehe
8 Minzeblättchen

### FÜR DIE STEAKS:

½ TL Currypulver scharf
½ TL gem. Ingwer
2 Schweinerückensteaks (je etwa 125 g)
2 EL Speiseöl zum Braten

### ZUM BESTREUEN:

½ Kästchen Gartenkresse
20 g Röstzwiebeln

### PRO PORTION:

E: 33 g, F: 15 g, Kh: 42 g, kcal: 443

**1.** Den Backofen vorheizen.
Ober-/Unterhitze: etwa 200 °C
Heißluft: etwa 180 °C

**2.** Die Kartoffeln unter fließendem Wasser sehr gut abbürsten, dann abtropfen lassen. Die Kartoffeln längs vierteln und auf ein Backblech geben. Kartoffelspalten mit Salz und 1 Teelöffel Paprika gut vermischen. Das Backblech in den vorgeheizten Backofen schieben. Die Kartoffelspalten in etwa 25 Minuten goldbraun backen.

**3.** In der Zwischenzeit für die Sauce Frühlingszwiebeln putzen, abspülen, trocken tupfen und in dünne Scheiben schneiden. Frühlingszwiebelscheiben mit Sambal Oelek, Honig, Zitronensaft und Sojasauce verrühren. Die halbe Knoblauchzehe abziehen, durch eine Knoblauchpresse dazudrücken und untermischen.

**4.** Minzeblättchen abspülen, trocken tupfen und klein schneiden. Minzeblättchen unter die Salatsauce mischen.

**5.** Für die Steaks restliches Paprikapulver mit Curry und Ingwer mischen. Die Steaks mit Küchenpapier abtupfen, dann mit der Gewürzmischung einreiben. Das Speiseöl in einer Pfanne erhitzen. Die Steaks darin bei starker Hitze von jeder Seite in etwa 3 Minuten goldbraun braten. Anschließend die Steaks aus der Pfanne nehmen und zugedeckt etwa ½ Minute ruhen lassen.

**6.** Das Backblech aus dem Backofen nehmen. Die Kartoffelspalten mit der Frühlingszwiebel-Sauce vermengen. Die Steaks in dünne Scheiben schneiden und auf dem Salat anrichten.

**7.** Kresse abspülen, trocken tupfen und vom Beet schneiden. Den Kartoffelsalat mit Kresse und Röstzwiebeln bestreut servieren.

## WEISSER BOHNENSALAT MIT PAPRIKA UND TOMATE

- Zubereitungszeit: 20 Minuten, ohne Durchziehzeit
- Vegetarisch

### ZUTATEN FÜR 4 PORTIONEN

500 g abgetropfte Cannellinibohnen (aus der Dose)
2 Fleischtomaten
je 1 rote und grüne Paprikaschote
1 Schalotte

### FÜR DIE SALATSAUCE:

1 Knoblauchzehe
2 EL Zitronensaft
1 EL Apfelessig
1 TL mittelscharfer Senf
1 TL flüssiger Honig
Salz, gem. schwarzer Pfeffer
2 EL Olivenöl

5 Stängel Petersilie

### PRO PORTION:

E: 14 g, F: 7 g, Kh: 30 g, kcal: 237

1. Die Bohnen in einem Sieb mit kaltem Wasser abspülen und gut abtropfen lassen. Bohnen beiseitestellen.

2. Die Tomaten kreuzweise einschneiden und mit kochendem Wasser übergießen. Nach 1–2 Minuten herausnehmen und mit kaltem Wasser abschrecken. Die Tomaten häuten, halbieren und die Stängelansätze herausschneiden. Tomaten entkernen und das Fruchtfleisch in kleine Würfel schneiden.

3. Paprikaschoten halbieren, entstielen, entkernen und die weißen Scheidewände entfernen. Schoten abspülen, abtropfen lassen und in kleine Würfel schneiden. Die Schalotte abziehen und fein würfeln.

4. Die beiseitegestellten Bohnen mit den Tomaten-, Paprika- und Schalottenwürfeln in einer großen Salatschüssel vermischen.

5. Für die Sauce Knoblauch abziehen und durch eine Knoblauchpresse drücken oder sehr fein würfeln. Zitronensaft mit Essig, Senf, Honig, Salz, Pfeffer und Knoblauch verrühren. Das Olivenöl unterschlagen. Die Salatsauce mit der Bohnen-Paprika-Tomaten-Mischung vermengen. Den Salat etwa 30 Minuten durchziehen lassen.

6. Petersilie abspülen, trocken tupfen und die Blättchen von den Stängeln zupfen. Die Blättchen grob zerschneiden. Den Salat mit Petersilie bestreut servieren.

### TIPPS:

Cannellinibohnen weichen nicht so schnell durch. Wenn Sie keine bekommen, nehmen Sie stattdessen 500 g weiße Bohnen (aus der Dose).
Sie können den Salat einige Stunden vor dem Verzehr zubereiten. Gut durchgezogen schmeckt er noch besser.
Geben Sie zusätzlich 2–3 Stangen Staudensellerie (etwa 150 g) mit unter den Salat. Dafür den Staudensellerie putzen, abspülen und abtropfen lassen. Sellerie in Streifen schneiden.

# WEISSKOHLSALAT

- Zubereitungszeit: 30 Minuten, ohne Durchziehzeit
- Vegan

### ZUTATEN FÜR 12 PORTIONEN

1–1 ½ kg Weißkohl
300 g Gemüsezwiebeln
1 TL Kümmelsamen
4 EL Speiseöl, z. B. Sonnenblumen- oder Rapsöl

### FÜR DIE MARINADE:

5 EL Weißweinessig
1 TL Selleriesalz
1 gestr. TL Salz
½ TL gem. Pfeffer
1–2 EL Zucker
1–2 TL ger. Meerrettich (aus dem Glas)

### PRO PORTION:

E: 1 g, F: 4 g, Kh: 7 g, kcal: 67

**1.** Von dem Weißkohl die äußeren welken Blätter entfernen. Den Kohl vierteln, abspülen, abtropfen lassen und den Strunk herausschneiden. Den Kohl in feine Streifen schneiden oder hobeln. Gemüsezwiebeln abziehen und in feine Streifen schneiden. Die Kohl- und Zwiebelstreifen in eine große Schüssel geben. Kümmel mit ein paar Tropfen Speiseöl auf einem Schneidbrett grob hacken (Hinweis: Das Öl dient dazu, dass der Kümmel beim Hacken nicht wegspringt.)

**2.** Für die Marinade restliches Speiseöl mit Essig, Selleriesalz, Salz, Pfeffer, Zucker und Meerrettich in einen Topf geben und einmal aufkochen lassen.

**3.** Die heiße Marinade über den Weißkohlsalat geben und gut vermengen. Den Weißkohlsalat etwa 60 Minuten oder über Nacht durchziehen lassen.

**4.** Den Salat vor dem Servieren mit Salz, Pfeffer, Meerrettich und Zucker abschmecken.

### TIPPS:

Sie können den Salat max. 2 Tage im Voraus zubereiten.
Wenn Sie den Weißkohlsalat durchkneten, wird er noch weicher und zieht besser durch.
Statt Weißkohl können sie auch Spitzkohl verwenden.

### REZEPTVARIANTE:

2 Esslöffel Sonnenblumenkerne in einer Pfanne ohne Fett rösten und auf den fertigen Salat streuen.

NEUE SALATE

# WINZER-SALAT MIT HONIG-SENF-DRESSING

- Zubereitungszeit: 20 Minuten, ohne Durchziehzeit
- Vegetarisch

### ZUTATEN FÜR 4 PORTIONEN

1 Stück Rotkohl (geputzt etwa 575 g)
Salz

75 g Pekannuss-Hälften

### FÜR DAS HONIG-SENF-DRESSING:

1 Schalotte
1 geh. TL körniger Senf (15 g)
1 TL milder Honig
etwa 5 EL aromatischer Essig, z. B. Himbeer-Essig
gem. Pfeffer
7 EL mild-aromatisches Pflanzenöl, z. B. Oliven- oder Nussöl

200 g kernlose Weintrauben
1 Kopfsalat der Saison, z. B. Kopf-, Eichblatt- oder Endivien-Salat
70 g Hartkäse im Stück, z. B. Parmesan oder gereifter Winzerkäse

### PRO PORTION:

E: 12 g, F: 37 g, Kh: 17 g, kcal: 456

**1.** Geputzten Kohl abspülen, abtropfen lassen und auf einem Küchenhobel in sehr feinen Streifen in eine Schüssel hobeln. Kohl mit etwa 2 Teelöffeln Salz gründlich durchkneten, bis der Kohl leicht glasig und weich wird. Zugedeckt etwa 1 Stunde ziehen lassen.

**2.** Inzwischen Nüsse in einer heißen Pfanne ohne Fett rösten, bis sie zu duften anfangen. Auf einem Teller auskühlen lassen.

**3.** Für das Dressing die Schalotte abziehen und in sehr feine Würfel schneiden. Senf, Honig, 3 Esslöffel Essig, etwas Salz und Pfeffer in einer Salatschüssel verrühren. 5 Esslöffel Öl unterquirlen. Schalottenwürfel unterrühren.

**4.** Weintrauben abzupfen, abspülen, trocken reiben und nach Belieben halbieren. Trauben unter das Dressing mischen.

**5.** Kohl nochmals kräftig durchkneten, entstandenen Sud etwas abtropfen lassen. Kohlstreifen mit Pfeffer, restlichem Öl, Essig und evtl. noch etwas Salz abschmecken und marinieren.

**6.** Salat verlesen, Blätter lösen und abspülen, Salat abtropfen lassen oder trocken schleudern und in mundgerechte Stücke zupfen.

**7.** Salat, Nüsse und marinierten Kohl auf Tellern anrichten. Das Dressing darüberträufeln. Käse z. B. mit dem Sparschäler in Späne hobeln und darüberstreuen.

### TIPP:

Sehr lecker schmecken dazu in Streifen geschnittene Vinschgauer-Brötchen (Tiroler Sauerteig-Gewürzbrötchen), die in wenig Butter in einer Pfanne leicht angeröstet werden.

## WURST-KÄSE-SALAT

⏱ Zubereitungszeit: 25 Minuten

### ZUTATEN FÜR 4 PORTIONEN

250 g Zwiebeln
250 g Emmentaler
350 g Fleischwurst
75 g abgetropfte Gewürzgurken (aus dem Glas)

### FÜR DIE SAUCE:

2 EL Weißweinessig
2 EL Wasser
1 TL mittelscharfer Senf
Salz, gem. Pfeffer, Zucker
4 EL Speiseöl, z. B. Sonnenblumenöl

1 EL Schnittlauchröllchen

### PRO PORTION:

E: 28 g, F: 52 g, Kh: 4 g, kcal: 588

1. Zwiebeln abziehen, zunächst in Scheiben schneiden, dann in Ringe teilen. Zwiebelringe in kochendem Wasser etwa 2 Minuten blanchieren, dann in ein Sieb geben und abtropfen lassen.

2. Emmentaler entrinden und in Streifen schneiden. Die Fleischwurst enthäuten. Fleischwurst und Gewürzgurken in Scheiben schneiden, Wurstscheiben evtl. halbieren.

3. Für die Sauce Essig mit Wasser, Senf, Salz, Pfeffer und Zucker verrühren. Das Speiseöl unterschlagen. Die Salatzutaten mit der Sauce vermengen. Den Wurst-Käse-Salat mit Schnittlauchröllchen bestreut servieren.

### TIPPS:

Den Wurst-Käse-Salat als kleine Mahlzeit mit Laugenbrötchen oder -brezeln oder als Partysalat servieren.
Sie können den Salat auch mit Geflügelfleischwurst oder Kasseler zubereiten. Der Salat schmeckt gut durchgezogen noch besser.

# WURSTSALAT

⏱ Zubereitungszeit: 35 Minuten, ohne Durchziehzeit

### ZUTATEN FÜR 4 PORTIONEN

500 g Fenchelknollen
60 g rote Zwiebeln
400 g Cocktailtomaten
30 g abgetropfte Kapern (aus dem Glas)
6 EL weißer Balsamico-Essig
Salz
100 g Rucola (Rauke)
100 g Mortadella, in hauchdünnen Scheiben
25 g Parmesan, im Stück
3 EL Olivenöl
gem. schwarzer Pfeffer

### PRO PORTION:

E: 8 g, F: 16 g, Kh: 11 g, kcal: 223

1. Die Fenchelknollen putzen, abspülen und abtropfen lassen. Das Fenchelgrün beiseitelegen. Zwiebeln abziehen. Fenchel und Zwiebeln in sehr feine Scheiben hobeln.

2. Tomaten abspülen, abtrocknen, vierteln und die Stängelansätze herausschneiden. Fenchel-, Zwiebelscheiben, Tomatenviertel und Kapern in eine Schüssel geben. Essig hinzugeben. Die Zutaten gut vermischen, mit Salz leicht würzen. Den Salat etwa 20 Minuten durchziehen lassen.

3. Rucola verlesen und dicke Stängel abschneiden. Rucola abspülen, gut abtropfen lassen oder trocken schleudern und evtl. etwas kleiner zupfen.

4. Beiseitegelegtes Fenchelgrün fein schneiden. Mortadellascheiben in feine Streifen schneiden. Parmesan fein reiben.

5. Rucola, Fenchelgrün und Olivenöl vorsichtig unter den Salat mischen und evtl. nachwürzen.

6. Den Salat anrichten. Die Mortadellastreifen darauf verteilen. Den Wurstsalat mit Parmesan und grob gemahlenem Pfeffer bestreuen und servieren.

# ZARTWEIZENSALAT MIT SCHAFSKÄSE

🕐 Zubereitungszeit: 45 Minuten, ohne Abkühl- und Durchziehzeit
➕ Vegetarisch

### ZUTATEN FÜR 4 PORTIONEN

250 g Zartweizen (vorgegarter Weizen)
3–4 Möhren (etwa 350 g)
1 grüne Paprikaschote
1 gelbe Paprikaschote
4 Frühlingszwiebeln
3 kleine Tomaten (etwa 250 g)
50 g getrocknete Soft-Tomaten
60 g abgetropfte, entsteinte schwarze Oliven

### FÜR DIE SAUCE:

3–4 Stängel Zitronenthymian oder Thymian
3 ½ EL Weißweinessig
2 ½ EL Mineralwasser
1 TL körniger Senf
½ TL ger. Meerrettich (aus dem Glas)
Salz, gem. Pfeffer
etwas Voll-Rohrzucker
4 EL Olivenöl

200 g Schafskäse

### PRO PORTION:

E: 18 g, F: 26 g, Kh: 59 g, kcal: 569

1. Für den Salat den Zartweizen mit Wasser in einem Topf nach Packungsanleitung (die auf der Packung angegebene Flüssigkeitsmenge verwenden) zubereiten. Dann den Zartweizen in ein Sieb geben, mit kaltem Wasser abspülen, abtropfen und erkalten lassen.

2. In der Zwischenzeit Möhren putzen, schälen, abspülen und abtropfen lassen. Möhren in feine Stifte schneiden. Die Paprikaschoten halbieren, entstielen, entkernen und die weißen Scheidewände entfernen. Die Schoten abspülen, abtropfen lassen und würfeln.

3. Die Frühlingszwiebeln putzen, abspülen, abtropfen lassen und in dünne Scheiben schneiden. Die Tomaten abspülen, abtrocknen, halbieren und die Stängelansätze herausschneiden. Tomaten in Stücke schneiden. Getrocknete Tomaten und Oliven klein schneiden.

4. Zartweizen mit Möhrenstiften, Paprikawürfeln, Frühlingszwiebelscheiben, frischen und getrockneten Tomatenstücken und den Olivenstücken mischen.

5. Für die Sauce Thymian abspülen, trocken tupfen und die Blättchen von den Stängeln zupfen. Einige Blättchen zum Garnieren beiseitelegen. Restliche Blättchen klein schneiden.

6. Essig mit Mineralwasser, Senf und Meerrettich verrühren, mit Salz, Pfeffer und Zucker würzen. Olivenöl unterschlagen. Thymian unterrühren. Die Sauce mit der Zartweizen-Gemüse-Mischung vermengen und den Salat zugedeckt etwa 1 Stunde durchziehen lassen.

7. Schafskäse abtropfen lassen, klein würfeln und unter den Salat heben. Den Salat nochmals abschmecken, mit den beiseitegelegten Thymianblättchen garniert servieren.

## ZARTWEIZENSALAT MIT TOMATEN, OLIVEN UND KROSSEM SPECK

🕒 Zubereitungszeit: 25 Minuten, ohne Abkühlzeit

**ZUTATEN FÜR 2 PORTIONEN**

125 g Zartweizen
2 mittelgroße Tomaten
4 getrocknete Tomaten, in Öl
2 Frühlingszwiebeln
5–6 Stängel Basilikum
2 EL kleine rotbraune Oliven, ohne Stein
3 EL Olivenöl (oder abgetropftes Öl von den eingelegten Tomaten)
Salz
frisch gem. Pfeffer
4 Scheiben Südtiroler Speck (oder Frühstücksspeck, etwa 55 g)

**PRO PORTION:**

E: 15 g, F: 19 g, Kh: 55 g, kcal: 451

1. Zartweizen nach Packungsanleitung zubereiten und erkalten lassen.

2. Tomaten abspülen, abtrocknen, vierteln und die Stängelansätze herausschneiden. Tomaten entkernen. Das Fruchtfleisch würfeln.

3. Getrocknete Tomaten in einem Sieb abtropfen lassen, dabei das Öl auffangen. Tomaten in feine Streifen schneiden.

4. Frühlingszwiebeln putzen, abspülen, abtropfen lassen und in Ringe schneiden. Basilikum abspülen, trocken tupfen und die Blättchen von den Stängeln zupfen. Einige Blättchen zum Garnieren beiseitelegen. Die restlichen Blättchen fein schneiden.

5. Danach den Zartweizen mit Tomatenwürfeln, getrockneten Tomatenstreifen, Frühlingszwiebelringen, fein geschnittenen Basilikumblättchen, Oliven und 2 Esslöffeln vom Olivenöl (oder aufgefangenem Öl) vermischen. Salat mit Salz und Pfeffer abschmecken.

6. Das restliche Olivenöl in einer kleinen Pfanne erhitzen. Die Speckscheiben darin kross braten, dann aus der Pfanne nehmen und kurz auf Küchenpapier legen.

7. Den Salat mit Speckscheiben und den Basilikumblättchen anrichten und servieren.

**TIPP:**

Südtiroler Speck ist ein roher, leicht geräucherter Schinken. Statt mit Zartweizen schmeckt der Salat auch mit Langkornreis sehr gut.

## ZITRONEN-PASTA-SALAT

🕐 Zubereitungszeit: 25 Minuten
✚ Vegetarisch

**ZUTATEN FÜR 4 PORTIONEN**

250 g Nudeln, z. B. Penne oder Rigatoni
60 g abgetropfte schwarze Kalamata-Oliven, mit Stein
600 g Cocktailtomaten
4 Stängel Basilikum
3–4 EL Olivenöl
40 g abgetropfte Kapern (aus dem Glas)
¼–½ EL Chiliflocken, Salz
200 ml Gemüsebrühe
abger. Schale und Saft von 1 Bio-Zitrone (unbehandelt, ungewachst)
20 g fein ger. Parmesan

**PRO PORTION:**

E: 12 g, F: 14 g, Kh: 50 g, kcal: 378

**1.** Die Nudeln in kochendem Salzwasser nach Packungsanleitung bissfest kochen, dabei gelegentlich umrühren. Anschließend die Nudeln in ein Sieb geben (nicht abschrecken!), gut abtropfen lassen und in eine Schüssel geben.

**2.** Die Oliven vom Stein schneiden. Tomaten abspülen, abtrocknen, halbieren und die Stängelansätze herausschneiden. Basilikum abspülen, trocken tupfen und die Blättchen von den Stängeln zupfen. Blättchen grob schneiden.

**3.** Olivenöl in einer großen Pfanne erhitzen. Tomaten, Kapern, Oliven, Chiliflocken und Zitronenschale darin etwa 1 Minute unter Rühren anbraten, mit Salz würzen. Die Zutaten mit 4 Esslöffeln Zitronensaft und der Gemüsebrühe ablöschen, dann auf die Hälfte einkochen lassen. Basilikum untermischen.

**4.** Die Zutaten mit den Nudeln mischen. Den Zitronen-Pasta-Salat mit Parmesan bestreuen und warm servieren.

# ZWIEBEL-WURST-SALAT

⏲ Zubereitungszeit: 50 Minuten, ohne Durchziehzeit

**ZUTATEN FÜR 12 PORTIONEN**

1 ½ kg Gemüsezwiebeln
50 ml Weißweinessig
1 gestr. TL Salz
2 EL Zucker
360 g abgetropfte Gewürzgurken (aus dem Glas)
500 g Fleischwurst
4 Äpfel (etwa 500 g)

**FÜR DIE SALATSAUCE:**

370 g Salatcreme (10 % Fett)
300 g Joghurt (3,5 % Fett)

**PRO PORTION:**

E: 8 g, F: 16 g, Kh: 12 g, kcal: 228

1. Die Gemüsezwiebeln abziehen, halbieren und in schmale Streifen schneiden. Die Zwiebelstreifen in eine große Schüssel geben. Essig mit Salz und Zucker gut verrühren. Die Zwiebelscheiben damit übergießen.

2. Die Zwiebelscheiben mit einem Teller beschweren und die Schüssel mit Frischhaltefolie zudecken. Die Zwiebelscheiben etwa 2 Stunden durchziehen lassen (Zwiebelscheiben müssen nicht kalt gestellt werden).

3. Anschließend die Zwiebelscheiben in ein Sieb geben und gut abtropfen lassen. Die Gewürzgurken in schmale Streifen schneiden.

4. Die Fleischwurst enthäuten. Fleischwurst zuerst in Scheiben, dann in schmale Streifen schneiden. Äpfel schälen, vierteln, entkernen und in Stifte schneiden.

5. Die Zwiebelscheiben wieder in die Schüssel geben. Gurken-, Fleischwurststreifen und Apfelstifte gut untermengen.

6. Für die Salatsauce Salatcreme mit Joghurt verrühren und unter den Zwiebelsalat mischen. Den Zwiebelsalat zugedeckt im Kühlschrank mindestens 1 Stunde durchziehen lassen.

7. Den Salat vor dem Servieren nochmals durchmischen und abschmecken.

**BEILAGE:**

Laugenbrezeln oder -brötchen oder frisches Bauernbrot.

**TIPPS:**

Den Zwiebelsalat mit Schnittlauchröllchen bestreut servieren.
Der Zwiebelsalat kann gut am Vortag zubereitet werden und zugedeckt im Kühlschrank über Nacht durchziehen.

# REGISTER

**KARTOFFELSALATE**

Bohnen-Kartoffel-Salat mit Schafskäsesauce 25
Kartoffel-Erbsen-Salat mit
 Zaziki-Joghurt-Sauce 76
Kartoffel-Hähnchen-Salat 77
Kartoffel-Matjes-Salat mit Kernen 78
Kartoffel-Pastrami-Salat 80
Kartoffelsalat, fruchtig 81
Kartoffelsalat mit Kresse 82
Kartoffelsalat mit Oliven und Dill 83
Kartoffelsalat mit Schweinerückensteaks,
 warm 201
Kartoffelsalat mit Tahina-Sauce 84
Kartoffel-Spargel-Salat 87
Röstkartoffel-Paprika-Salat 150

**NUDELSALATE**

Artischocken-Pasta-Salat mit
 Kräuter-Ei-Dressing 8
Brokkoli-Nudel-Salat mit Sesamdressing 28
Glasnudelsalat mit Frühlingsrollen 60
Glasnudelsalat mit Hack und Limettensauce 63
Glasnudel-Schichtsalat, asiatisch 9
Mini-Nudel-Salat 119
Nudel-Fleischwurst-Salat 123
Nudelsalat mit Dillgurken 124
Nudelsalat mit Gemüse 125
Nudelsalat mit Kürbis-Oliven-Sauce, warm 126
Nudelsalat mit Nektarinen 127
Nudelsalat mit Parmaschinken und Melone 128
Pasta-Salat alla Norcina 137
Pasta-Salat „Bella Italia" 138
Pasta-Salat mit Hähnchen 140
Reisnudelsalat, türkisch 197
Sobanudel-Salat mit Shiitake 173
Spaghettisalat 174
Spaghettisalat mit Joghurt-Pesto 175
Tortellini-Salat 194
Tortellini-Salat mit Schinken 195
Zitronen-Pasta-Salat 210

## MIT FISCH UND MEERESFRÜCHTEN

Berglinsensalat mit Lachs und Dill-Dressing 19
Blumenkohl-Salat auf spanische Art 23
Erbsensalat mit Thunfisch, toskanisch 196
Kartoffel-Matjes-Salat mit Kernen 78
Mango-Papaya-Salat mit Koriander
　und Cashewkernen 114
Matjessalat 115
Nizza-Salat 122
Oktopussalat 131
Sushi-Reis-Salat mit Radieschen
　und Thunfisch 185

## MIT FLEISCH UND WURST

Balearen-Wurst-Salat 17
Bauernsalat 18
Brathähnchen-Salat, kreolisch 101
Bratwurstsalat 27
Caesar-Salat 34
Feldsalat mit Orangen-Speck-Dressing 49
Fenchel-Coleslaw mit Tatar-Frikadellen 50
Fenchel-Rucola-Salat mit Bratwurstklößchen 53
Geflügelsalat 54
Geflügelsalat mit Erbsen 54
Geflügelsalat mit geräucherter Hähnchenbrust 54
Glasnudelsalat mit Hack und Limettensauce 63
Hähnchen-Avocado-Salat 72
Hähnchensalat „California Style" 73
Kartoffel-Hähnchen-Salat 77
Kartoffel-Pastrami-Salat 80
Kartoffelsalat mit Schweinerückensteaks,
　warm 201
Kräuter-Couscous-Salat mit Putenspießen 98
Krautsalat 100
Nudel-Fleischwurst-Salat 123
Nudelsalat mit Dillgurken 124
Nudelsalat mit Parmaschinken und Melone 128
Pasta-Salat alla Norcina 137
Pasta-Salat „Bella Italia" 138
Pasta-Salat mit Hähnchen 140
Pflücksalat, bunt gemischt 141
Reis-Bohnen-Salat mit Cabanossi 146
Reisnudelsalat, türkisch 197
Reissalat mit Hähnchenschenkeln,
　fruchtig-scharf 148
Roastbeef-Salat 149
Rotkohl-Salat mit Putenschnitzelchen 157
Salat mit gebratenem Hähnchenfilet 161
Salattorte 165
Schichtsalat mit Curry-Dressing 168
Sechser Salat 171
Sommersalat, schwedisch 170
Steak-Salat mit Limetten-Aioli-Dressing,
　fruchtig-scharf 182
Tandoori-Chicken-Salat 190
Tortellini-Salat mit Schinken 195
Wurst-Käse-Salat 206
Wurstsalat 207
Zartweizensalat mit Tomaten,
　Oliven und krossem Speck 209
Zwiebel-Wurst-Salat 211

## VEGETARISCH

Ananas-Kraut-Salat mit Paprikastreifen 5
Apfel-Möhren-Salat mit Honig-Sesam-Dressing 7
Artischocken-Pasta-Salat mit
　Kräuter-Ei-Dressing 8
Avocado-Hülsenfrucht-Salat, pikant 13
Baby-Leaf-Champignon-Salat mit
　Aroniabeeren 14
Babyspinatsalat mit Harissa-Joghurt,
　Croûtons und pochiertem Ei 16
Bauernsalat, griechisch 66
Blumenkohl-Salat, klassisch 24
Bohnen-Kartoffel-Salat mit Schafskäsesauce 25
Bohnensalat mit Paprika und Tomate, weiß 202
Bohnenvariation in roter Sauce 26
Brotsalat (Panzanella) 136
Bulgur-Orangen-Salat 31
Bulgursalat mit Spitzpaprika 32
Champignon-Tomaten-Salat 37
Chicorée-Tomaten-Salat mit
　Ajvar-Omelett-Röllchen 38
Couscous-Salat aus dem Schüttelbecher 41
Couscous-Salat mit grünem und
　weißem Spargel, Minze und Ei 42
Feldsalat mit geschmorten Wurzeln 46
Gemüse-Linsen-Salat mit Senfdressing 58
Glasnudelsalat mit Frühlingsrollen 60
Grünkern-Rosenkohl-Salat 68
Grünkohl-Salat mit Tofu-Senf-Dressing 71
Kartoffel-Erbsen-Salat mit
　Zaziki-Joghurt-Sauce 76
Kartoffelsalat, fruchtig 81
Kartoffelsalat mit Tahina-Sauce 84
Kartoffel-Spargel-Salat 87
Kichererbsen-Bulgur-Salat 88
Kichererbsensalat mit Zucchini und
　Minzejoghurt 93
Kirsch-Mango-Couscous-Salat 94
Kürbissalat mit Harissa und Minze, scharf 106
Löwenzahnsalat mit Croûtons,
　gehackten Eiern und Radieschen 113
Mangosalat mit Steckrübe, asiatisch 10
Melonen-Spinat-Salat mit Ziegenquark 118
Mini-Nudel-Salat 119
Nudelsalat mit Gemüse 125
Panzanella (Brotsalat) 136
Quinoa-Salat, mediterran 116

Radieschen-Salat mit Sesam-Falafel 145
Reis-Champignon-Salat 147
Röstkartoffel-Paprika-Salat 150
Rote-Bete-Salat mit Walnusskernen,
　Minze und Feta 152
Rote-Bohnen-Schafskäse-Salat 153
Rotkäppchen-Salat 155
Rotkohl-Orangen-Salat 156
Rucola-Zuckerschoten-Salat mit
　Kartoffeldressing 158
Salat, altdeutsch 4
Salat ganz in Grün 160
Salat im Glas, griechisch 67
Salat von zweierlei Bohnen 162
Salat von zweierlei Kohl 163
Salatplatte mit Knoblauch-Joghurt-Dip,
　orientalisch 135
Sauerkraut-Feigen-Salat 166
Schichtsalat 167
Sobanudel-Salat mit Shiitake 173
Spaghettisalat 174
Spaghettisalat mit Joghurt-Pesto 175
Spargelsalat mit Shrimps und Ringelblumen 176
Tomaten-Lauch-Salat 193
Tomatensalat, korsisch 193
Tomaten-Zwiebel-Salat 193
Tortellini-Salat 194
Veggie-Salat, gegrillt 198
Winzer-Salat mit Honig-Senf-Dressing 205
Zartweizensalat mit Schafskäse 208
Zitronen-Pasta-Salat 210

## VEGAN

Ananas-Kürbis-Peperoni-Salat 6
Auberginensalat, griechisch 64
Big-Salad-Bowl mit Cashewkern-Dressing
 und Süßkartoffel-Fries 20
Brokkoli-Nudel-Salat mit Sesamdressing 28
Brotsalat mit roten Zwiebeln 30
Bulgursalat, vegan 33
Champignon-Löwenzahn-Salat 36
Couscous-Linsen-Salat 40
Couscous-Salat mit Staudensellerie 44
Couscous-Salat, süß 186
Couscous-Salat, vegan 45
Gemüse-Apfel-Salat, gegrillt 57
Gemüsesalat im Reisblatt mit Erdnuss-Sauce 59
Glasnudel-Schichtsalat, asiatisch 9
Hirsesalat 74
Hirsesalat mit Paprika und Zucchini 75
Kartoffelsalat mit Kresse 82
Kartoffelsalat mit Oliven und Dill 83
Kichererbsensalat, fruchtig-pikant 90
Kichererbsensalat mit Tomaten 91

Kohlrabi-Salat mit knusprigen Seitan-Sticks 97
Kürbis-Räuchertofu-Salat mit
 Grünkohl-Chips 102
Kürbis-Rote-Bete-Salat 105
Linsen-Apfel-Salat 109
Linsensalat, bunt 110
Mittelmeer-Salat 121
Nudelsalat mit Kürbis-Oliven-Sauce, warm 126
Nudelsalat mit Nektarinen 127
Quinoa-Frisée-Salat 142
Roter-Reis-Salat 154
Salad-Bowl, orientalisch 132
Spinatsalat mit Granatapfelkernen 177
Spinatsalat mit grünem Spargel und Hummus 178
Spinatsalat mit Seidentofu-Dressing 181
Süßkartoffel-Couscous-Salat 186
Süßkartoffel-Salat mit Räuchertofu 189
Tomaten-Bulgur-Salat 191
Tomatensalat, schnell 192
Weißkohlsalat 203

# IMPRESSUM

Bei Fragen oder Anregungen wenden Sie sich bitte an folgende Telefonnummer +49(0)89-5482515-0 oder an kontakt@zsverlag.de

Copyright
© 2017 ZS Verlag GmbH
Kaiserstraße 14b
D-80801 München

ISBN: 978-3-7670-1744-3
3. Auflage 2019

Projektleitung: Carola Reich
Redaktion: Annette Riesenberg
Lektorat: no:vum, Susanne Noll, Hennef

Rezeptentwicklung und -beratung:
Susanne Raht, Hamburg

Nährwertberechnungen: Nutri Service, Hennef, Angelika Ilies, Langen

Titelfotos:
Fotostudio Diercks, Hamburg, außer obere und untere Reihe Mitte, Eising-Studio, München

Foodfotografie:
Walter Cimbal, Hamburg, (S. 62)
Fotostudio Diercks (Thomas Diercks, Kai Boxhammer, Christiane Krüger, Hamburg - S. 5, 7, 8, 9, 11, 12, 15, 16, 18, 21, 22, 24, 25, 26, 29, 32, 35, 39, 43, 44, 51, 52, 55, 56, 69, 70, 73, 74, 75, 79, 81, 83, 85, 86, 91, 92, 95, 96, 100, 101, 103, 104, 111, 112, 114, 117, 120, 123, 124, 129, 130, 133, 134, 136, 137, 139, 140, 141, 143, 144, 146, 149, 151, 153, 155, 156, 159, 160, 161, 162, 164, 166, 167, 169, 170, 171, 172, 175,176, 177, 179, 183, 187, 188, 193, 194,  196, 202, 203, 204, 206, 209, 211)
Eising Studio Food Photo & Video, München (S. 19, 30, 31, 36, 45, 48, 61, 66, 67, 89, 90, 118, 119, 125, 147, 180, 184, 191, 192, 195, 208)
Janne Peters, Hamburg, (S. 17, 37, 59, 107, 126, 152)
Antje Plewinski, Berlin (S. 4, 33, 40, 47, 58, 65, 82, 99, 101, 108, 122, 148, 154, 157, 163, 174, 190, 197, 199, 200,  207, 210)

Axel Struwe, Bielefeld (S. 27, 41, 77, 127)
Winkler Studios, Bremen (S. 72)

Artdirektion und Grafikdesign:
seidldesign, Stuttgart

Producing: Jan Russok
Herstellung: Frank Jansen
Satz und Layout: Büro 18, Friedberg / Bayern

Druck und Bindung:
optimal media GmbH, Röbel

Kurze Wege schonen die Umwelt
Dieses Buch wurde in Deutschland gedruckt

Die Bücher und E-Books unter der Marke Dr. Oetker Verlag erscheinen als Lizenz in der ZS Verlag GmbH.
www.facebook.de/Dr.OetkerVerlag
Die ZS Verlag GmbH ist ein Unternehmen der Edel AG, Hamburg.
www.zsverlag.de
www.facebook.de/zs-verlag
Alle Rechte vorbehalten. All rights reserved.
Das Werk darf – auch teilweise – nur mit Genehmigung des Verlags wiedergegeben werden.
Die Autoren haben dieses Buch nach bestem Wissen und Gewissen erarbeitet. Alle Rezepte, Tipps und Ratschläge sind mit Sorgfalt ausgewählt und geprüft.